KB146786

# 세금을 알면 돈이 보인다
## - 사업자편 -

택스코디 지음

대한민국 사장님 99%는
무조건 겪게 되는 세금 문제

# 세금을 알면 돈이 보인다

다온북스
DAON BOOKS

이 책은 다음과 같이 구성했습니다. 먼저 대부분 사업자에게 일어날 수 있는 세금 문제를 세알못 씨 질문으로 시작합니다. 그리고 이와 같은 문제를 해결하기 위해 알아야 할 세금 상식을 택스코디가 알기 쉽게 설명합니다. 그러므로 지금 이 책을 접하는 사업자는 유사한 세금 문제를 맞닥뜨렸을 때, 슬기롭게 대처하는 힘을 기를 수 있다는 것이 이 책의 핵심입니다. 절세는 덤입니다.

**세알못**  남는 건 별로 없는데, 그와 비교해 소득세는 엄청 많이 내는 거 같습니다. 왜 그런가요?

**택스코디**  소득세는 번 돈(수입금액)에 대해 내는 세금이 아니라 남은 돈(수입금액 - 필요경비)에 대해 내는 세금입니다. 따라서 벌기 위해 쓴 돈(필요경비)이 많으면 세금은 줄어듭니다. 따라서 필요경비, 즉 지출되는 비용이 중요합니다. 그런데 처음 사업하는 사업자 대부분은 증빙이라는 게 무엇인지도 모르고, 어떤 걸 챙겨야 하는지조차 모르는 경우가 많습니다.

사업 경험이 많은 베테랑 사업자이거나 세금폭탄으로 마음고생을 해 본 사장님이라면 대체로 자신의 경제적 활동에 대해 기록을 잘해 두고, 증빙이나 영수증을 잘 챙겨둡니다.

그러나 이제 막 사업을 시작하는 예비사장님, 세금폭탄을 맞아본 적이 없는 초보 사장님은 증빙을 챙긴다는 개념 자체를 잘 모릅니다. 증빙이라는 게 무엇인지조차 모르는 경우가 허다합니다. 그러므로 일이 잘못되거나 세금 문제가 발생하면 자신의 재산을 지켜줄 증빙자료가 없거나 허술합니다. 돈 모으듯 증빙자료를 잘 모아두는 습관을 만드는 것이 바로 절세의 시작입니다.

**세알못**  오래 다녔던 회사를 퇴사한 뒤 일반과세사업자로 카페 창업을 했습니다. 고급스러운 느낌의 인테리어를 위해 의자와 테이블, 소품 등 고가의 제품을 구매하느라 큰 비용을 들였습니다. 이렇게 공을 들인 덕분에 어려운 시기에도 불구하고 매출은 승승장구할 수 있었죠. 이렇게 열과 성을 다해 카페를 운영하다 첫 세금신고를 하고 내야 할 부가세를 보고 깜짝 놀랐습니다. 예상치도 못한 엄청난 세금이 부과되었기 때문입니다. 과연 뭐가 문제였을까요?

**택스코디**  세금폭탄을 맞은 이유는 카페 창업을 위해 사용한 비용은 많았지만, 정작 부가가치세 매입세액공제를 받기 위해 비용으로 처리할 수 있는 게 거의 없었기 때문입니다. 거래액이 3만 원 이상일 때는 반드시 세금계산서나 계산서, 현금영수증을 받거나 사업용 신용카드를 통해 결제했어야 했는데 이를 간과한 거죠. 가

지고 있던 거래명세표와 영수증은 세법에서 인정되는 적격증빙
이 아니므로 거액의 부가가치세를 피할 수 없었던 겁니다.

　결론부터 말하자면, 부가가치세는 적격증빙을 수취해야만 매입세액
공제가 가능합니다. 여기서 말하는 적격증빙이란 세금계산서, 계산서,
신용카드매출전표, 현금영수증과 같이 세법에서 인정하는 증빙서류를
말합니다. 반면 공급자만 표시되는 거래명세표나 간이영수증 등은 적격
증빙에 해당하지 않습니다. 다음 표를 참고합시다.

| 세금계산서 | 현금으로 결제하고 과세사업자에게 받는 증빙 |
|---|---|
| 계산서 | 현금으로 결제하고 면세사업자에게 받는 증빙 |
| 신용카드매출전표 | 대표자 명의의 카드(직불·체크·신용카드)로 결제할 때 받는 증빙 |
| 현금영수증 | 현금으로 결제하고 받는 지출증빙 현금영수증 |

　이런 적격증빙을 수취하지 않으면 사업자에게는 다음과 같은 문제가
발생합니다.

| 부가가치세 신고 시 | 매입세액공제를 받지 못한다. |
|---|---|
| 종합소득세 신고 시 | 비용으로 처리하기 위해서는 사용금액의 2%를 가산세로 내야 한다. |

　위와 같은 이유로 사업자는 사업에 관련된 비용을 지급할 때, 늘 적격

증빙을 챙기는 것을 잊지 말아야 합니다.

어떤가요? 전혀 어렵지 않죠. 이런 식으로 책을 구성했습니다. 딱 이 정도 지식만 있어도 세금 문제를 마주했을 때, 지혜롭게 대처할 수 있을 것입니다. 사장님의 건투를 빕니다.

2024년 5월

## 차례

## 10 공동명의로 할까요? 직원으로 채용할까요?

## 권말 부록 사장님 세금 고민에 답을 제시하다

# 1

손해를 보고
세금만 엄청 냈어요

| | |
|---|---|
| 문제 1 | 세무서 근처에서 '4월은 부가가치세 납부의 달'이라는 안내문을 봤습니다. 부가가치세는 1월에도 낸 기억이 있는데, 석 달 만에 또 내야 하다니, 이게 무슨 일일까요?<br>세무대리인에게 세금 관련된 모든 일을 맡기고 있습니다. 그런데 한편으로 어딘가 불안합니다. 저도 안내문 내용처럼 4월에 부가가치세를 내야 하는지, 그렇다면 어떻게 해야 하는지, 똑 부러지게 스스로 알고 있는 정보는 없고 물어보는 것도 애매합니다. |
| 문제 2 | 사업에서 손해를 보고 세금만 엄청 냈어요 |
| 문제 3 | 직장을 다니며 부업으로 SNS 마켓을 하고 있습니다. 내야 할 세금은 무엇인가요? |
| 문제 4 | 세금신고 시 꼭 알아야 할 주의사항은 어떻게 되나요? |

이번 장에서는 위에서 말한 문제들에 대한 답을 찾아가는 과정을 통해 '자진 신고와 고지납부의 비교', '세금이 발생하는 이유', 그리고 '자진 신고 세금 종류 및 세금신고 시 꼭 알아야 할 주의사항'을 스스로 터득해 미리 대비할 수 있을 것입니다.

# 자진 신고 vs 고지납부

**세알못**     세무서 근처에서 '4월은 부가가치세 납부의 달'이라는 안내문을 봤습니다. 부가가치세는 1월에도 낸 기억이 있는데, 석 달 만에 또 내야 하다니, 이게 무슨 일일까요?

**택스코디**     부가가치세는 과세기간이 6개월 단위로 나뉘어 있습니다. 1월에서 6월까지 매출에 대한 부가가치세를 7월 25일까지 내고, 7월에서 12월까지 부가가치세를 다음 해 1월 25일까지 내야 합니다. 세법에서는 상반기 과세기간을 '1기분', 하반기를 '2기분'이라는 이름으로 구분합니다. 즉 1년을 기준으로 2번 나눠서 세금을 내는 구조입니다. 매출이 큰 사업자일수록 부가가치세는 부담스럽습니다.

소비자는 매번 건별로 10%씩 부가가치세를 포함해 값을 냅니다. 사업자는 손님으로부터 받은 부가가치세를 매번 6개월 치를 한꺼번에 대신 냅니다. 야금야금 호주머니로 들어왔다가 뭉칫돈으로 빠져나가니 심리적으로나 재무적으로나 부담이 생길 수밖에 없는 구조입니다.

그래서 세법에서는 6개월을 반으로 쪼개어 중간에도 부가가치세 납부 기간을 하나 더 만들어 놨습니다. 즉 분기마다 3개월 치 세금을 내도록 하는 것입니다.

1월부터 3월까지 매출에 대한 부가가치세는 4월 25일까지, 4월부터 6월까지 부가가치세는 7월 25일, 7월부터 9월까지 부가가치세는 10월 25일, 10월부터 12월까지 부가가치세는 1월 25일까지 내는 일정입니다. (참고로 25일이 주말이라면 납부기한은 하루 이틀 미뤄질 수 있습니다.)

그런데 모든 사업자에게 같은 기준이 적용되지는 않습니다. 기본적으로 부가가치세는 납세자 스스로 계산해서 신고·납부하는(자진 신고하는) 세금입니다. 이에 따라 법인사업자는 4월과 10월 중간정산을 할 때도 스스로 3개월 치를 신고·납부합니다.

하지만 개인사업자는 중간정산까지 할 여력은 없다고 판단해서 국세청이 중간정산한 고지서를 알아서 보내줍니다. 개인사업자의 경우 7월과 1월에는 스스로 신고납부(자진 신고)를 하고, 4월과 10월에는 국세청이 보내준 고지서대로 세금을 내는 것입니다. 이를 고지납부라고 합니다.

# 세금 안 내는 방법은
# 없을까?

**세알못**  사업을 하면서 세금을 어떤 마음으로 받아들이면 좋을까요?

**택스코디**  사업을 오래 해온 사업자일수록 세금 스트레스가 없습니다. 이
들은 경험적으로 세금을 어떻게 대해야 하는지를 알고 있기
때문입니다.

세금을 어떻게 바라보는가에 따라 향후 매출이 큰 사업자가 될
지, 아니면 구멍가게 수준의 사장으로 머물 것인지 판가름이
납니다. 사업을 하기로 마음먹었으면 세금을 무조건 피하려고
하지 말아야 합니다.

소득이 발생하면 세금은 무조건 내야 합니다. 세금을 안 내면
압류가 들어와 사업을 할 수 없을 뿐 아니라 경매 절차를 통해
회사 자산도 매각될 수 있습니다.

세금을 알면 돈이 보인다

"세금 때문에 미치겠어요. 이 세금 안 내는 방법 없나요?"

여전히 세금은 내야 하는 거라고 인정하기 힘들어하는 사업주가 제법 있습니다. 가끔 수년간 이런저런 방법으로 탈세했다고 자랑하는 사업자도 있는데, 그러다가 세무조사를 한 번이라도 받게 되면 지금까지 탈세한 금액의 몇 배를 지급해야 할 수도 있습니다. 세금을 내지 않고 사업을 계속해서 하는 것은 깨질 듯 말 듯 한 살얼음판 위에서 서 있는 것과 같습니다.

돈을 벌었으면, 즉 소득이 발생하면 세금을 내야 합니다. '소득이 있는 곳에 세금이 있다'라는 말은 세금의 기본 원칙을 가장 잘 나타내는 말입니다.

부동산을 1억 원에 사서 2억 원에 팔면 1억 원을 벌게 됩니다. 즉 1억 원의 소득이 발생한 거죠. 과세당국에서는 그 1억 원에 대해서 적정 세율을 곱한 뒤 세금이라는 명목으로 돈을 가져갑니다.

**세알못**  만약 부동산을 2억 원에 사서 1억 5천만 원에 손해를 보고 팔았다면요?

**택스코디**  세금은 돈을 벌었을 때, 즉 소득이 생겼을 때만 냅니다. 돈을 벌지 못해 소득이 없으면 세금을 한 푼도 내지 않아도 됩니다. 따라서 다음과 같은 말은 전혀 앞뒤가 맞지 않는 말입니다.

"사업에서 손해를 보고 세금만 엄청 냈어요."

그런데 이렇게 말하는 사업자가 제법 있습니다. 이렇게 말하는 이유는 크게 두 가지입니다.

먼저 손해인 것 같았지만, 실제로는 돈을 벌었기 때문입니다. 자신이 목표한 만큼 사업이 안 되어서 화가 날 수는 있겠지만, 사업체를 운영하며 굶어 죽지 않고 지금까지 살아 있다면 어느 정도 소득이 발생했을 가능성이 큽니다. 그래서 그에 따르는 세금이 발생한 것입니다. 생각 외로 상당수 사업자가 월 결산을 하지 않아 실제로 사업으로 얼마를 버는지조차 파악하지 못하고 있는 것이 대부분입니다. 지난달에 손해를 봤는지 이익을 봤는지 모르며, 손해를 봤다는 것을 알아도 얼마나 손해를 본 것인지 숫자로 파악하고 있지 못할 가능성이 큽니다.

다음은 그냥 세금이 싫은 겁니다. 실제로는 어느 정도 돈을 벌어서 세금이 나오는 것인데, 세금 자체가 너무 싫은 경우 늘 입버릇처럼 말하고 하죠.

세금을 내기 싫으면 돈을 벌지 않으면 됩니다. 소득이 없으면 절대로 세금도 없습니다. 세금을 내는 것은 내가 그만큼 돈을 벌었기 때문입니다. 내야 할 세금이 너무 많다는 것은 내가 어마어마하게 돈을 벌었다는 것입니다.

세금을 알면 돈이 보인다

# 내야 할 세금, 언제 내고,
# 얼마를 내야 하는가?

**TAX**

**세알못**   SNS상에서 물건을 팔려면 사업자등록을 꼭 해야 하나요?

**택스코디**   일회성이 아니라 반복적으로 SNS에서 판매 및 중개행위를 하면 사업자등록을 해야 합니다. 통신판매업 신고 여부와 관계없이 사업자등록은 반드시 해야 합니다.

사업자등록을 할 때는 일반과세자와 간이과세자 중에서 선택할 수 있습니다. 연간 매출이 1억 400만 원(종전 8,000만 원) 이상으로 예상될 때는 일반과세자로 등록하면 됩니다. 연간 매출이 1억 400만 원(종전 8,000만 원)에 못 미칠 것으로 예측되는 소규모 사업자는 간이과세자로 등록할 수 있습니다.

사업자등록은 사업을 시작한 날부터 20일 내 국세청 홈택스를 이용하거나 세무서를 방문해 신청하면 됩니다.

사업자등록을 하지 않으면 공급가액(매출)의 1%를 가산세로 물어야합니다. 간이과세자는 매출의 0.5%와 5만 원 중 큰 금액을 가산세로 내야 합니다. 조세 회피 목적으로 다른 사람 명의로 사업자등록을 하면 2년이하 징역 또는 2,000만 원 이하 벌금을 물어야 하니 주의해야 합니다.

**세알못**　직장을 다니며 부업으로 SNS 마켓을 하고 있습니다. 내야 할세금은 무엇인가요?

**택스코디**　부가가치세와 종합소득세 두 가지입니다. 부업으로 SNS 마켓에 물건을 팔고 있는 직장인은 특히 주의할 점이 있습니다. 연초에 연말정산을 했더라도, 5월 종합소득세 신고를 다시 해야합니다. 근로소득에 SNS 마켓 판매에 따른 사업소득을 합산해신고해야 하기 때문입니다.

그리고 2021년부터 전자상거래업도 현금영수증 의무발행 업종으로추가되면서 소비자가 발급을 요청하지 않더라도 10만 원 이상 현금 거래가 발생하면 현금영수증을 의무적으로 발행해야 합니다. 만약 계좌이체 등으로 10만 원 이상의 현금 거래를 했는데 현금영수증을 발행하지않는다면 미발급액의 20%를 가산세로 내야 합니다.

소비자가 원한다면 10만 원 미만 현금 거래도 현금영수증을 발급해야 합니다. 이를 거부하면 미발급액의 5%를 가산세로 내야 합니다. 2회이상 미발급 사실이 적발되면 미발급액의 20%까지 과태료를 물어야 합니다.

세금을 알면 돈이 보인다

**세알못**   세금신고 시 꼭 알아야 할 주의사항은 어떻게 되나요?

**택스코디**   다음과 같습니다.


1. 각종 세금의 신고·납부기한 준수

2. 신고 기간을 놓쳤다면, 빨리 기한후신고 하기 (가산세를 줄일 수 있다.)

3. 과세예고통지 안내문을 받았다면, 최대한 빨리 전문가 찾기 (참고로 과
   세예고통지란 세무서에서 세금 고지서를 보내기 전에 납세자에게 그 사실을 통
   지하는 문서이다.)

**사업자등록
꼭 해야 하나요?**

| | |
|---|---|
| 문제 1 | 공동명의로 사업자등록을 하려면 누구 이름으로 등록해야 하나요 |
| 문제 2 | 2023년 3월 1일에 사업을 시작했지만, 사업자등록은 바로 하지 않았습니다. 12월 31일까지 계속해서 사업을 했고, 사업자등록은 2024년 1월 1일에 했습니다. 가산세는 얼마나 나올까요 |
| 문제 3 | 사업자등록 내용은 나중에 바꿀 수도 있나요? |
| 문제 4 | 사업자등록을 신청하려고 보니 업종코드를 기록해야 해서, 몇 년 전 일을 먼저 시작한 친구에게 물어보니 서비스업인 749609 코드로 했다고 합니다. 해외직구대행업인데 왜 서비스업으로 했냐고 물어보니 과거에는 해당 업종코드가 없어서 그렇게 했다고 합니다. 홈택스에 들어가 조회해 보니 525105로 업종코드가 신설되었습니다. 그럼 525105 코드로 등록해야 하는 건가요? 하는 일에 따라서 업종코드는 정해져 있는 거 아닌가요? |

이번 장에서는 위에서 말한 문제들에 대한 답을 찾아가는 과정을 통해 '사업자등록 시 고려해야 할 사항', '제때 사업자등록을 하지 않으면 발생하는 불이익', 그리고 '사업자단위과세' 등을 스스로 터득해 도움이 될 것입니다.

# 수입이 많지도 않은데,
# 사업자등록 꼭 해야 하나?

**TAX**

**세알못**    아직은 수입이 그렇게 크지 않은데, 사업자등록을 꼭 해야 하나요?

**택스코디**    원칙적으로 계속해서 반복적으로 상품을 판매하려면, 거래하는 건수와 금액에 상관없이 사업자등록을 해야 합니다.

그러나 과세당국에서는 사업자등록 의무 기준이 되는 계속적, 반복적 거래에 대한 구체적인 거래 건수와 금액에 대한 명확한 기준을 갖고 있지 않습니다. (참고로 과거에는 국세청 지침으로 6개월 동안 거래 횟수가 10회 이상이거나 거래금액이 600만 원 이상이면 계속적, 반복적 거래로 보아 사업자등록 대상으로 분류하기도 했습니다.)

세금을 알면 돈이 보인다

**세알못**　사업자등록 시 고려해야 할 사항은 무엇인가요?

**택스코디**　사업자등록은 사업의 시작입니다. 잘못된 시작으로 사업을 접어야 할 때도 있으니 사업자등록 시 다음 사항들을 고려하면 좋습니다.

사업자를 내야 하나? → 개인사업자와 법인사업자 중 어떤 것이 나을까? → 간이과세자로 시작할까?, 일반과세자로 시작할까?

참고로 사업자등록은 사업개시일부터 20일 이내에 사업장 관할 세무서장에게 사업자등록을 신청해야 합니다.

**세알못**　사업자등록 번호를 7777로 받을 수가 있나요?

**택스코디**　사업자등록번호는 임의로 결정할 수 없습니다.

참고로 사업자등록번호는 일련번호(3자리) + 개인법인 구분코드(2자리) + 일련번호(4자리) + 검증번호(1자리) 등 10자리로 구성되는데, 코드별로 순차적으로 부여됩니다.

3자리 일련번호는 101~999, 4자리 일련번호는 0001~9999 중 가능한 숫자로 순차적으로 부여됩니다. 개인법인 구분코드 역시 별도로 01~99 사이에서 결정됩니다.

**세알못**　공동명의로 사업자등록을 하려면 누구 이름으로 등록해야 하나요?

**택스코디** 두 사람 이상 공동으로 사업을 할 때, 사업자등록신청은 공동
사업자 중 1인을 대표자로 결정한 후에 대표자 명의로 신청해
야 합니다. 또한, 공동 사업, 동업 사실을 증명할 동업계약서 등
도 필요합니다.

**세알못** 남이 하던 사업을 인수하면 새로 등록해야 하나요?

**택스코디** 기존에 다른 사람이 하던 사업을 인수하는 경우 기존 사업자
는 폐업 신고를 하고, 인수자는 새로운 사업을 개시하는 날부
터 20일 이내에 신규로 사업자등록을 해야 합니다.

이때, 기존 사업자는 폐업일까지의 거래에 대해 폐업한 다음 달
25일까지 부가가치세를 신고납부해야 합니다.

**세알못** 과세사업과 면세사업을 동시에 하는 경우에는요?

**택스코디** 과세사업과 면세사업을 겸영하는 사업자는 두 가지 사업자등
록을 따로 하는 것이 아니라 하나의 과세사업자등록만 하면
됩니다. 사업자등록을 따로 하지는 않습니다. 다만, 이 경우 부
가가치세 신고를 할 때는 면세사업 관련한 매입세액은 공제하
지 못합니다.

**세알못** 다른 사람 이름으로 등록해도 되나요?

**택스코디** 사업자등록은 반드시 실제 사업을 하는 사람의 이름으로 해야
합니다. 설령 타인의 이름으로 등록됐다 하더라도 추후 실질
사업자가 밝혀지면 이름을 빌려준 사람과 함께 조세범 처벌법

에 따라 처벌받게 됩니다.

또한, 실질 사업자가 체납하는 등의 문제로 이름을 빌려준 사람이 대신 채무 관계에 얽히거나 소송을 당하는 등의 피해를 볼 수 있습니다

**세알못** 그럼 사업자등록 내용은 나중에 바꿀 수도 있나요?

**택스코디** 상호를 변경하거나 업종을 변경하는 등의 이유로 사업자등록 내용을 바꾸고 싶을 때가 있습니다. 이 경우 사업자등록 이후라도 사업자등록 정정신고를 하면 됩니다.

# 사업장이 여러 개면 따로 등록해야 하나?

**세알못**    사업장이 여러 개면 따로 등록해야 하나요

**택스코디**    기본적으로 사업자등록은 사업장마다 별도로 해야 합니다. 하지만 여러 사업장을 하나의 본점 등이 관할할 때는 세무서장에게 사업자단위과세자로 등록하면, 본점이나 주사업장 하나만 사업자로 등록하는 것이 가능합니다.

'사업자단위과세'를 적용받고 싶은 경우에는 사업개시일 20일 이내에 본점이나 주사무소 관할 세무서장에게 신청하면 됩니다.

소원칙적으로 지점을 여러 개 가진 사업자는 사업장별로 나눠서 세무 관리를 해야 하는데, 세금계산서 발행이나 부가가치세 신고, 납부, 환급

등을 사업장마다 따로 해야 하므로 비효율적이고 번거롭습니다. 이런 사업자가 사업장을 묶어서 하나로 관리할 수 있도록 하는 것이 바로 '사업자단위과세제도'입니다. 사업자단위과세 신청을 하고 승인을 받으면 본점과 지점의 세금계산서 교부나 세금의 신고납부를 한 번에 할 수 있습니다.

사업을 하다 보면 새로 지점을 늘리거나 지점 문을 닫아야 하는 상황도 있을 수 있습니다. 업종을 변경할 수도 있죠. 이런 경우 처음 승인받았던 내용이 달라지기 때문에 사업자단위과세 내용을 변경하는 조치가 필요합니다. '변경승인'을 하는 것입니다.

변경승인은 사업자단위과세적용 사업장을 이전하거나 다른 사업장으로 변경하는 경우, 지점을 추가로 신설하거나 이전하는 경우, 사업의 종류가 달라지는 때에 곧장 변경승인을 얻은 것으로 봅니다. 예를 들어 이미 사업자단위과세를 적용받는 사업자가 지점을 추가로 신설하면 그 추가신설의 신고 자체만으로 변경승인이 된다는 것입니다.

**세알못**  그럼 반대로 원래 상태로 돌릴 수도 있나요?

**택스코디**  사업자단위과세를 적용하고 있던 사업자가 사업자단위과세를 포기하고 사업장별로 신고납부하거나 주사업장총괄납부 등 다른 납부방식을 선택하고자 할 수도 있습니다.
이때는 '포기신고'를 해야 합니다.

포기신고를 위해서는 사업자단위과세를 포기하고 다른 방식으로 납부하는 그 과세기간 개시 20일 전에 사업자단위신고 및 납부포기신고서를 총괄사업장의 관할 세무서장에게 제출해야 합니다. 예를 들어 1월 1일부터 적용받고자 하면 12월 10일까지 신고서를 제출해야 합니다.

포기신고서에는 사업자의 인적사항, 사업자단위 신고·납부의 포기 사유 등을 적어야 합니다. 관할 세무서장은 납세자가 포기신고서를 제출하는 즉시 해당 관할 사업장 외의 다른 사업장 관할 세무서장에게 내용을 통지하게 됩니다.

# 사업자등록을 제때 하지 않으면?

**세알못**  사업자등록을 제때 하지 않으면 어떤 불이익이 있나요?

**택스코디**  과세당국에서 사업 활동으로 판단하면, 각종 가산세를 내야 합니다. 다음 표를 참고합시다.

| | | |
|---|---|---|
| 미등록<br>가산세 | 사업개시일부터 등록을<br>신청한 날의 직전일까지<br>공급가액 합계액의 1% | 등록기한(사업개시일로부터<br>20일 이내)으로부터 1개월 이내<br>신청 시 가산세 50% 감면 |
| 무신고<br>가산세 | 납부할 세액의 20% | 6개월 이내 신고 시<br>가산세의 최고 50% 감면 |
| 납부지연<br>가산세 | 납부하지 않은 세액 × 0.022% ×<br>당초 신고기한으로부터 경과일 수 | |
| 등록 전<br>매입세액<br>불공제 | 사업자등록 전 매입세액에<br>대해서는 불공제가 원칙 | 과세기간이 끝난 후 20일 이내<br>등록하면 해당 과세기간<br>매입세액은 공제 가능 |

**세알못**　2023년 3월 1일에 사업을 시작했지만, 사업자등록은 바로 하지 않았습니다. 12월 31일까지 계속해서 사업을 했고, 사업자등록은 2024년 1월 1일에 했습니다. 가산세는 얼마나 나올까요? (참고로 매출과 매입은 다음과 같습니다.)

|  | 2023년 3월 1일 ~ 6월 30일 | 2023년 7월 1일 ~ 2023년 12월 31일 |
|---|---|---|
| 매출 | 5천 5백만 원 | 4천 4백만 원 |
| 매입 | 2천 2백만 원 | 2천 2백만 원 |

**택스코디**　먼저 세알못 씨는 사업자등록을 2023년 3월 20일까지 해야 했습니다. 그런데 이날까지 사업자등록을 하지 않았으므로 미등록가산세가 부과됩니다. 그리고 사업자등록을 하지 않아 누락한 상반기 부가가치세 신고와 관련한 세금 및 가산세를 내야 합니다.

> • 부가가치세 = 매출세액 - 매입세액

부가가치세는 위와 같은 공식으로 계산됩니다. 그런데 세알못 씨는 사업자등록을 하지 않았으므로 사업자등록 전 매입세액에 대해서는 공제받을 수 없습니다. 따라서 상반기 부가가치세는 5백만 원(매출세액 = 매출액 × 10% = 5천만 원 × 10%)입니다.

여기에 무신고가산세 100만 원(5백만 원 × 20%)을 추가로 내야 합니다. 그리고 미등록가산세 50만 원(공급가액 × 1% = 5천만 원 × 1%) 등 총

650만 원의 세금이 나옵니다.

이게 끝이 아닙니다. 납부지연 가산세라고 해서 110원 (납부세액 5백만 원 × 0.022%)이 납부한 날까지 매일 추가됩니다.

# 업종코드만
# 잘 정해도 절세다

**세알못** 사업자등록을 신청하려고 보니 업종코드를 기록해야 해서, 몇 년 전 이 일을 먼저 시작한 친구에게 물어보니 서비스업인 749609 코드로 했다고 합니다. SNS마켓인데 왜 서비스업으로 했냐고 물어보니 과거에는 해당 업종코드가 없어서 그렇게 했다고 합니다. 홈택스에 들어가 조회해 보니 지금은 525104로 업종코드가 있습니다. 그럼 525104 코드로 등록해야 하는 건가요? 하는 일에 따라서 업종코드는 정해져 있는 거 아닌가요

**택스코디** 꼭 그런 것만은 아닙니다. 물론 자신이 하려는 사업이 명확해서 정해진 업종코드를 사용해야 하는 때도 있습니다. 그런데 선택의 여지가 있는 상황도 의외로 많으니 고려해 볼 필요가 있습니다.

세금을 알면 돈이 보인다

세알못 씨가 하는 SNS마켓은 2019년까지는 SNS마켓이라는 업종 자체가 없어서 서비스업종에서 기타로 분류한 749609로 등록하기도 했습니다. 그런데 2020년에 소매업의 SNS마켓 코드가 만들어졌습니다. 소매업이 서비스업보다 간이과세자가 부가가치세 신고할 때 업종별 부가가치율이 낮아 내야 할 부가가치세가 줄어듭니다. 다음 표를 참고합시다.

| 업종 | 부가가치율 |
| --- | --- |
| 소매업, 재생용 재료수집 및 판매업, 음식점업 | 15% |
| 제조업, 농 · 임업 및 어업, 소화물 전문 운송업 | 20% |
| 숙박업 | 25% |
| 건설업, 운수 및 창고업 (소화물 전문 운송업 제외), 정보통신업 | 30% |
| 금융 및 보험 관련 서비스업, 과학 및 기술 서비스업, 사업시설관리 · 사업지원 및 임대서비스업, 부동산 관련 서비스업, 부동산임대업 | 40% |
| 그 밖의 서비스업 | 30% |

또 복식부기, 성실신고 대상으로 넘어가는 기준이 되는 금액도 더 높아 종합소득세 신고를 할 때도 유리합니다. 따라서 SNS마켓으로 업종코드(525104)를 정하는 것이 훨씬 유리합니다. 다음 표를 참고합시다.

## ▶ 개인사업자 업종에 따른 수입금액으로 장부작성 기준

| 업종 | 간편장부 대상자 | 복식부기 의무자 |
|---|---|---|
| 가. 농업·임업 및 어업, 광업, 도매 및 소매업(상품중개업을 제외한다.), 소득세법 시행령 제122조 제1항에 따른 부동산매매업, 그 밖에 '나' 및 '다'에 해당하지 않는 사업 | 3억 원 미만 | 3억 원 이상 |
| 나. 제조업, 숙박 및 음식점업, 전기·가스·증기 및 공기조절 공급업, 수도·하수·폐기물처리·원료재생업, 건설업(비주거용 건물. 건설업은 제외), 부동산 개발 및 공급업(주거용 건물 개발 및 공급업에 한함) 운수업 및 창고업, 정보통신업, 금융 및 보험업, 상품중개업, 욕탕업 | 1억 5,000만 원 미만 | 1억 5,000만 원 이상 |
| 다. 소득세법 제45조 제2항에 따른 부동산임대업, 부동산업('가'에 해당하는 부동산매매업 제외), 전문·과학 및 기술서비스업, 교육서비스업, 보건업 및 사회복지서비스업, 예술·스포츠 및 여가관련서비스업, 협회 및 단체, 수리 및 기타 개인서비스업, 가구내 고용 활동 | 7,500만 원 미만 | 7,500만 원 이상 |

세금을 알면 돈이 보인다

# 3

비용처리를 잘하기 위해서는
어떻게 해야 하나요?

| 문제 1 | 남는 건 별로 없는데, 그와 비교해 소득세는 엄청 많이 내는 거 같습니다. 왜 그런가요? |
|--------|------|
| 문제 2 | 오래 다녔던 회사를 퇴사한 뒤 일반과세사업자로 카페 창업을 했습니다. 고급스러운 느낌의 인테리어를 위해 의자와 테이블, 소품 등 고가의 제품을 구매하느라 큰 비용을 들였습니다. 이렇게 공을 들인 덕분에 어려운 시기에도 불구하고 매출은 승승장구할 수 있었죠. 이렇게 열과 성을 다해 카페를 운영하다 첫 세금신고를 하고 내야 할 부가세를 보고 깜짝 놀랐습니다. 예상치도 못한 엄청난 세금이 부과되었기 때문입니다. 과연 뭐가 문제였을까요? |
| 문제 3 | 사업자등록 전 커피머신을 구매했습니다. 이럴 때는 어떻게 준비해야 세금 처리할 수 있나요? |
| 문제 4 | 일반과세 사업자입니다. 사업 관련 물품을 구매하고 사업용 카드를 사용하려는데, 마침 카드를 집에 놓고 와서 자녀 이름의 카드로 매입했습니다. 영수증은 있는데, 이걸 업로드해도 부가가치세 매입세액공제가 가능하나요? |

이번 장에서는 위에서 말한 문제들에 대한 답을 찾아가는 과정을 통해 '적격증빙의 이해', '사업용 계좌 신고', 그리고 '사업용 신용카드 활용법'을 스스로 터득해 세금을 줄일 수 있을 것입니다.

# 남는 건 별로 없는데,
# 세금을 많이 내는 이유는?

**TAX**

**세알못**　남는 건 별로 없는데, 그와 비교해 소득세는 엄청 많이 내는 거
　　　　같습니다. 왜 그런가요?

**택스코디**　소득세는 번 돈(수입금액)에 대해 내는 세금이 아니라 남은 돈
　　　　(수입금액 - 필요경비)에 대해 내는 세금입니다. 따라서 벌기 위
　　　　해 쓴 돈(필요경비)이 많으면 세금은 줄어듭니다. 따라서 필요
　　　　경비, 즉 지출되는 비용이 중요합니다. 그런데 처음 사업하는
　　　　사업자 대부분은 증빙이라는 게 무엇인지도 모르고, 어떤 걸
　　　　챙겨야 하는지조차 모르는 경우가 많습니다.

　사업 경험이 많은 베테랑 사업자이거나 세금폭탄으로 마음고생을 해
본 사장님이라면 대체로 자신의 경제적 활동에 대해 기록을 잘해 두고,

증빙이나 영수증을 잘 챙겨둡니다.

　그러나 이제 막 사업을 시작하는 예비사장님, 세금폭탄을 맞아본 적이 없는 초보 사장님은 증빙을 챙긴다는 개념 자체를 잘 모릅니다. 증빙이라는 게 무엇인지조차 모르는 경우가 허다합니다. 그러므로 일이 잘못되거나 세금 문제가 발생하면 자신의 재산을 지켜줄 증빙자료가 없거나 허술합니다. 돈 모으듯 증빙자료를 잘 모아두는 습관을 만드는 것이 바로 절세의 시작입니다.

**세알못**　오래 다녔던 회사를 퇴사한 뒤 일반과세사업자로 카페 창업을 했습니다. 고급스러운 느낌의 인테리어를 위해 의자와 테이블, 소품 등 고가의 제품을 구매하느라 큰 비용을 들였습니다. 이렇게 공을 들인 덕분에 어려운 시기에도 불구하고 매출은 승승장구할 수 있었죠. 이렇게 열과 성을 다해 카페를 운영하다 첫 세금신고를 하고 내야 할 부가세를 보고 깜짝 놀랐습니다. 예상치도 못한 엄청난 세금이 부과되었기 때문입니다. 과연 뭐가 문제였을까요?

**택스코디**　세금폭탄을 맞은 이유는 카페 창업을 위해 사용한 비용은 많았지만, 정작 부가가치세 매입세액공제를 받기 위해 비용으로 처리할 수 있는 게 거의 없었기 때문입니다. 거래액이 3만 원 이상일 때는 반드시 세금계산서나 계산서, 현금영수증을 받거나 사업용 신용카드를 통해 결제했어야 했는데 이를 간과한 거죠. 가지고 있던 거래명세표와 영수증은 세법에서 인정되는 적격증빙이 아니므로 거액의 부가가치세를 피할 수 없었던 겁니다.

| 세금계산서 | 현금으로 결제하고 과세사업자에게 받는 증빙 |
|---|---|
| 계산서 | 현금으로 결제하고 면세사업자에게 받는 증빙 |
| 신용카드매출전표 | 대표자 명의의 카드(직불·체크·신용카드)로 결제할 때 받는 증빙 |
| 현금영수증 | 현금으로 결제하고 받는 지출증빙 현금영수증 |

결론부터 말하자면, 부가가치세는 적격증빙을 수취해야만 매입세액 공제가 가능합니다. 여기서 말하는 적격증빙이란 세금계산서, 계산서, 신용카드매출전표, 현금영수증과 같이 세법에서 인정하는 증빙서류를 말합니다. 반면 공급자만 표시되는 거래명세표나 간이영수증 등은 적격 증빙에 해당하지 않습니다. 다음 표를 참고합시다.

| 부가가치세 신고 시 | 매입세액공제를 받지 못한다 |
|---|---|
| 종합소득세 신고 시 | 비용으로 처리하기 위해서는 사용금액의 2%를 가산세로 내야 한다. |

위와 같은 이유로 사업자는 사업에 관련된 비용을 지급할 때, 늘 적격 증빙을 챙기는 것을 잊지 말아야 합니다.

세금을 알면 돈이 보인다

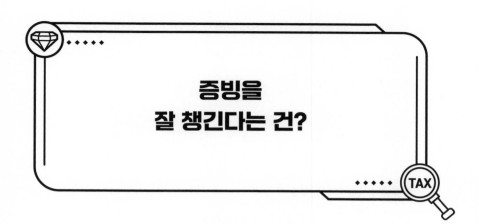

# 증빙을 잘 챙긴다는 건?

"세무사가 다 알아서 하겠지."

많은 사업자가 이렇게 생각합니다. 물론 대행을 맡긴 세무사가 세금 전반적인 부분을 알아서 처리해 줍니다. 하지만 반은 맞고, 반은 틀렸습니다. 세무사는 사업자가 전해준 증빙을 토대로 전문적인 지식을 활용할 뿐입니다. 즉, 사후에 처리하는 사람입니다.

사전에 증빙관리를 제대로 하지 못해, 내지 않아도 될 세금을 내는 것은 사업자에겐 큰 손해입니다. 따라서 사업을 직접 하는 주체인 사업주가 미리 알고 선제적으로 증빙관리를 해야 합니다.

- 부가가치세 = 매출세액 - 매입세액

부가가치세는 위와 같이 매출세액에서 사업자가 물건을 살 때 지출한 매입세액을 빼고 계산합니다. 따라서 부가가치세를 줄이기 위해서는 증빙을 잘 받아놔야 합니다.

**세알못**    도대체 법에서 말하는 증빙을 잘 챙긴다는 게 어떤 건가요?

**택스코디**    과거에는 영수증을 일일이 챙기거나 세금계산서를 발급받는 등 과정이 생각보다 귀찮고 복잡했습니다. 하지만 요즘에는 다음에서 말하는 것만, 잘 기억하고 있으면 쉽고 간단하게 증빙 서류를 챙길 수 있습니다.

1. 신용카드는 대표자 명의의 신용카드를 사용한다.
2. 홈택스에 대표자 명의 신용카드와 체크카드를 등록한다.
3. 대금 지급은 계좌이체를 한다.
4. 현금을 지급하면 세금계산서 또는 현금영수증을 발급받는다.

비용을 지출할 때 대표자 명의 신용카드, 체크카드를 사용하고, 현금영수증과 세금계산서를 잘 챙겨 놓기만 해도 세무업무의 제일 기본적이면서 중요한 업무를 수행한 것입니다. 또 이런 효과는 줄어든 세금으로 정확히 표현될 것입니다.

참고로 신용카드나 체크카드를 사용했다면 결제 후 받는 종이 전표를 잃어버려도 걱정하지 않아도 됩니다. 현금영수증은 홈택스에서 조회되고, 세금계산서도 전자세금계산서를 발급받았다면 홈택스에서 전산 조회가 되므로 챙겨야 할 증빙자료는 종이로 된 세금계산서 외에는 거의 없다고 보면 됩니다.

참고로 적격증빙은 판매자와 구매자가 모두 표시되는 특징이 있습니다. 반면 판매자만 표시되고 구매자는 나타나지 않는 간이영수증은 '비적격증빙'이라고 합니다.

현실적으로 모든 거래에서 세금계산서를 받기는 쉽지 않으므로 일정한 증명에 대하여 세금계산서나 계산서와 같은 효력을 부여하고 있습니다. 대표자 명의의 신용·체크카드로 구매한 경우의 영수증 또는 지출증빙 현금영수증이 이에 해당합니다. 이렇게 적격증빙을 받아놓으면 부가가치세 신고 시 매입세액으로 공제받을 수 있습니다.

**세알못**   사업자등록 전 커피머신을 구매했습니다. 이럴 때는 어떻게 준비해야 세금 처리할 수 있나요?

**택스코디**   대부분 창업자가 사업자등록 전 기구·비품을 구매합니다. 다행히 세법에서는 과세기간 종료일 (상반기 종료일: 6월 30일, 하반기 종료일: 12월 31일)부터 20일 이내에 사업자등록을 신청하면 해당 과세기간의 사업자등록 전 매입세액은 공제 가능하다는 조항이 있습니다.

예를 들어 7월 1일부터 12월 31일까지 사업을 위한 비용을 지출하고 다음 해 1월 20일 전까지 사업자등록을 신청하면 사업자등록 전 사용한 비용도 매입세액공제가 가능합니다.

다만 매입세액공제를 적용받기 위해서는 적격증빙이 꼭 필요합니다. 즉 세금계산서를 받아야 합니다. 그런데 사업자등록이 없을 때는 어떻게 세금계산서를 받을 수 있을까요? 이럴 때는 세금계산서에 공급받는 자에 본인 이름을 적고, 사업자등록번호는 본인 주민등록번호를 적어 발급받으면 됩니다. 그리고 사업자등록이 끝난 후 이를 사업자 명의로 전환하면 됩니다. 홈택스에 접속해 다음 경로를 따라가면 됩니다.

- 홈택스 로그인 → 조회/발급 → 주민번호 수취분 전환 및 조회

세금을 알면 돈이 보인다

# 공동명의 사업자는
# 사업용 계좌를
# 각자 만들어야 하나?

**세알못** 사업용 계좌는 신규로 발급해야 하나요?

**택스코디** 사업을 하게 되면 사업과 관련해 돈을 주기도 하고, 받기도 합니다. 이때 사업용 계좌를 사용해야 합니다. 사업용 계좌 신고라고 해서 특별한 것은 아니고, 대표자 본인 통장 중에서 '이 통장은 사업과 관련한 것으로 사용한다'라고 신고한다고 이해하면 됩니다. 기존에 가지고 있던 통장을 사용해도 되고, 새로 발급받아 신고해도 됩니다.

참고로 일정한 규모 이상 사업자(복식부기의무자)가 사업용 계좌를 사용하지 않는다면, 총수입금액의 0.2%에 해당하는 가산세가 붙고 추가로 세금공제, 세금 감면 혜택을 받을 수 없으니 꼭 사업용 계좌를 만들고 홈택스를 통해 신고해야 합니다. 참고로 사업용 통장을 개설할 때 필요한 서류는 다음과 같습니다.

'신분증, 사업자등록증, 사업과 관련한 거래를 한다는 증빙서류(세금계산서 등)'

한편 사업용 신용카드 등록은 개인사업자가 사업용 물품을 매입하는 데 사용하는 신용카드를 국세청에 등록하는 제도입니다. 사업용 신용카드로 등록하면 부가가치세나 종합소득세 신고 시에 관련 자료를 보다 편리하게 신고할 수 있습니다.

이 역시 별도로 사업자카드를 발급할 필요가 없이 이미 사용하고 있는 개인용 신용카드를 사업용으로 등록할 수 있습니다. 다만, 사업자가 개인적으로 사용한 비용은 필요경비로 넣을 수 없으므로 카드 사용 내역에 개인적으로 사용한 비용이 함께 발생한 경우에는 종합소득세 등 신고 시에 납세자가 직접 사업에 쓴 비용을 추려서 입력해야 합니다. 따라서 사업용 신용카드로 등록한 카드는 사업에 직접 사용하는 비용의 용도로만 사용해야 합니다.

**세알못**　일반과세 사업자입니다. 사업 관련 물품을 구매하고 사업용 카드를 사용하려는데, 마침 카드를 집에 놓고 와서 자녀 이름의 카드로 매입했습니다. 영수증은 있는데, 이걸 업로드해도 부가가치세 매입세액공제가 가능하나요?

**택스코디**　이처럼 가족 명의 신용카드를 사용해 신용카드매출전표를 발행받은 경우라도 사업자의 사업을 위해 사용했거나 사용할 재화 또는 용역의 공급에 대한 세액임이 객관적으로 확인되면 공제대상이 됩니다. 그리고 부가가치세 신고 시 해당 매출전표의 매입세액공제에 대해 신용카드매출전표 등 수령명세서 서식에서 '⑧그 밖의 신용카드 등'에 써넣으면 됩니다.

**세알못** 공동명의 사업자는 사업용 계좌를 각자 만들어야 하나요?

**택스코디** 2명의 공동사업자가 1개의 사업용 계좌를 사용해도 되고, 1명의 대표자가 여러 개의 사업용 계좌를 사용해도 됩니다. 다만, 사업용 계좌로 신고하지 않은 개인계좌로 먼저 돈을 받아 그 돈을 사업용 계좌로 이체하는 것은 원칙적으로 가산세 부과 대상이니 주의해야 합니다.

**세알못** 공동명의 사업장입니다. 메인 대표만 신용카드 등록이 돼 있습니다. 나머지 부대표도 사업용 신용카드를 등록하고 싶은데, 어떻게 해야 하나요?

**택스코디** 공동명의 사업장의 주 대표자와 부대표자 명의의 카드등록 방법이 다릅니다. 홈택스에 공동대표인 부대표자 주민등록번호로 만든 개인 아이디로 회원 로그인해 등록하면 가능합니다. 참고로 주 대표자의 아이디 또는 사업자등록번호로 만든 아이디로 회원 로그인해 부대표자 카드를 등록하려는 경우에는 '신분확인의 불일치'로 처리되므로 유의해야 합니다.

사업용 신용카드로 등록접수를 하면, 카드사에서 카드명의자 일치 여부를 확인하고 홈택스에 등록을 완료하는 과정을 거칩니다. 카드사로 데이터가 전송되기 전까지는 처리상태가 '등록접수 완료'로 표기되며, 데이터 전송 후에는 '확인 요청 중', 신청일 다음 달 15일경 등록이 완료되면 '등록 완료'로 표기됩니다. 등록 완료인 사업용 신용카드의 사용 내역은 등록일이 속하는 월 내역을 다음 달 중순에 조회할 수 있습니다. 만약 카드명의자 오류가 있으면 등록 신청 시 입력한 휴대전화번호로 본인확인 불일치문자를 발송합니다.

간이과세자는 부가세를
내지 않아도 되나요?

| 문제 1 | 일반과세자와 간이과세자가 어떻게 다른가요? |
|---|---|
| 문제 2 | 화장품 로드숍(소매업, 일반과세자)을 하고 있습니다. 과세기간 동안 매출은 5,500만 원이고, 적격증빙을 수취한 매입은 2,200만 원입니다. 부가가치세는 얼마인가요? |
| 문제 3 | 다가오는 6월에 사업자등록을 앞두고 있습니다. 처음에 인테리어 비용이나 프랜차이즈 계약금이 상당 비용 들어갑니다. 일반과세자로 등록하는 게 나은지, 간이과세자로 시작하는 게 나은지 헷갈립니다. 당장 오픈한다고 하더라도 매출이 금세 오를 것 같진 않고, 월세도 7월부터 나가는데 어떤 과세유형으로 등록하는 게 좋은지 고민입니다. |

이번 장에서는 위에서 말한 문제들에 대한 답을 찾아가는 과정을 통해 '부가가치세 계산법', '일반과세자와 간이과세자의 차이점', 그리고 '창업 전 올바른 과세유형 선택기준'을 스스로 터득해 세금을 줄일 수 있을 것입니다.

# 일반과세자와 간이과세자, 어떻게 다른가?

**세알못**   일반과세자와 간이과세자가 어떻게 다른가요?

**택스코디**   일반과세자와 간이과세자를 나누는 가장 대표적인 기준은 '연간 매출액'입니다.

일반과세자는 연간 매출액이 1억 400만 원(종전 8,000만 원) 이상인 사업자를 대상으로 이뤄집니다. 일반과세자는 10%의 세율을 적용받습니다. 또 사업에 필요한 물건 등을 매입하면서 쓴 매입 세금계산서상 세액을 전부 공제받을 수 있습니다. 이로써 일반과세 부가가치세 납부세액은 매출세액(매출액의 10%)에서 매입세액을 뺀 값이 됩니다.

반면 간이과세는 연간 매출액이 1억 400만 원(종전 8,000만 원)에 미달

세금을 알면 돈이 보인다

하는 소규모 사업자를 대상으로 이뤄집니다. 간이과세자는 업종별 부가가치율을 곱하기 때문에 통상 1.5%~4%의 낮은 세율을 적용받습니다. 대신 사업에 필요한 물건 구입금 즉, 매입금액의 0.5%만 공제받을 수 있습니다. 다만 간이과세자 중에서도 과세기간 내 공급대가의 합계액이 4,800만 원 미만인 자는 부가가치세법 제69조에 따라 세금 납부 의무를 면제받을 수 있습니다. (여기서 공급대가는 재화 또는 용역의 교환가치에 부가가치세액까지 포함한 금액을 말합니다.)

**▶ 일반과세자와 간이과세자 비교**

| 일반과세자 | 구분 | 간이과세자 |
|---|---|---|
| 공급가액* × 10% | 매출세액 | 공급대가** × 업종별 부가가치율 × 10% |
| 발급 의무 있음 | 세금계산서 발급 | 직전연도 공급대가 합계액 4,800만 원 이상 |
| 전액 공제 | 매입세액 공제 | 세금계산서 등을 발급받은 매입액 (공급대가) × 0.5% |
| 모든 업종에 적용 | 의제매입세액 공제 | 적용 배제 |

* 공급가액: 부가가치세를 제외한 금액
** 공급대가: 부가가치세를 포함한 금액(공급대가 = 공급가액 + 부가가치세)

**세알못** 간이과세자인 개인사업자는 소비자로부터 부가세를 몇% 받아야 하나요? 세율 10%인지, 아니면 10% 세율에다 업종별부가가치율을 곱한 것으로 받아야 하나요?

**택스코디** 부가가치세법에 따른 부가가치세율은 10%입니다. 간이과세자도 재화나 용역을 제공한 경우 거래상대방으로부터 10%의 부가가치세가 포함된 대가를 받아야 합니다. 업종별 부가가치율은 간이과세자가 부가가치세를 국세청에 신고할 때 적용하는 것입니다.

세금을 알면 돈이 보인다

# 일반과세자와 간이과세자 부가가치세 비교해보자

사업자등록 후 가장 번거로운 세금이 바로 부가가치세입니다. 부가가치세란 상품이나 서비스 제공 과정에서 생기는 이윤 (즉, 부가가치)에 대한 세금을 말합니다. 따라서 상대 거래처와 세금계산서를 잘 주고받아야 하고, 또 과세기간이 돌아오면 증빙자료를 꼼꼼히 챙겨서 세무서 신고·납부도 해야 합니다.

하지만 이처럼 어려워 보이는 부가가치세 신고·납부 의무를 간단히 끝마칠 수 있는 사업자도 존재합니다. 우리는 이를 '간이과세자'라고 부릅니다.

간이과세자와 일반과세자의 부가가치세 계산법은 차이가 있습니다. 먼저 일반과세자부터 살펴보겠습니다. 일반과세자의 부가가치세는 다음과 같이 매출세액에서 매입세액을 차감하여 계산합니다.

> • 부가가치세 = 매출세액 - 매입세액

**세알못**　화장품 로드숍(소매업, 일반과세자)을 하고 있습니다. 과세기간 동안 매출은 5,500만 원이고, 적격증빙을 수취한 매입은 2,200만 원입니다. 부가가치세는 얼마인가요?

**택스코디**　부가가치세는 다음과 같이 계산합니다. (계산 편리 상 세액공제는 생략합니다.)

• 부가가치세 = 매출세액 - 매입세액 = 500만 원 - 200만 원 = 300만 원

| 매출 | = | 매출액 | + | 매출세액 (매출액 × 10%) |
|---|---|---|---|---|
| 5,500만 원 | | 5,000만 원 | | 500만 원 |
| 매입 | = | 매입액 | + | 매입세액 (매출액 × 10%) |
| 2,200만 원 | | 2,000만 원 | | 200만 원 |

　간이과세자의 부가가치세는 업종별 부가가치율을 적용한 매출세액에서 세금계산서 등을 발급받은 매입금액(공급대가)의 0.5%를 적용한 공제세액을 차감하여 계산합니다.

• 부가가치세 = 매출세액(공급대가 × 업종별 부가가치율 × 10%)

　- 공제세액(세금계산서상 매입금액 × 0.5%)

간이과세자 부가가치세 계산 시 업종별 부가가치율은 다음과 같습니다.

## ▶ 간이과세자 적용 업종별 부가가치율

| 업종 | 부가가치율 |
|---|---|
| 소매업, 재생용 재료수집 및 판매업, 음식점업 | 15% |
| 제조업, 농임어업, 소화물 전문 운송업 | 20% |
| 숙박업 | 25% |
| 건설업, 운수 및 창고업, 정보통신업, 그밖의 서비스업 | 30% |
| 금융 및 보험관련 서비스업, 전문과학 및 기술서비스업, 사업시설관리 사업지원 및 임대서비스업, 부동산관련 서비스업, 부동산임대업 | 40% |

**세알못**  화장품 로드숍(소매업, 간이과세자)을 하고 있습니다. 과세기간 동안 매출은 5,500만 원이고, 적격증빙을 수취한 매입은 2,200만 원입니다. 부가가치세는 얼마인가요?

**택스코디**  부가가치세는 다음과 같이 계산합니다. (계산 편리 상 세액공제는 생략합니다.)

- 부가가치세 = 매출세액(공급대가 × 업종별 부가가치율 × 10%) - 공제세액(세금계산서상 매입금액 × 0.5%) = (5,500만 원 × 업종별 부가가치율 15% × 10%) - (2,200만 원 × 0.5%) = 825,000원 - 110,000원 = 715,000원

# 일반과세로 시작할까?
# 간이과세로 시작할까??

**TAX**

앞장에서 우리는 부가가치세를 계산해봤습니다. 같은 조건(매출 5,500만 원, 매입 2,200만 원)일 때 과세유형만 다르게 해서 부가가치세를 계산해보니, 일반과세자일 때 부가가치세는 300만 원, 간이과세자일 때 715,000원이 나왔습니다.

따라서 일반과세자보다 간이과세자의 부가가치세가 훨씬 낮은 것을 알 수 있습니다. 그런데 이런 장점에도 불구하고 간이과세자를 선택하는 것을 신중하게 생각해야 합니다. 대부분은 간이과세자가 유리하나 일반과세자가 유리할 때도 존재하기 때문입니다.

**세알못**　다가오는 6월에 사업자등록을 앞두고 있습니다. 처음에 인테리어 비용이나 프랜차이즈 계약금이 상당 비용 들어갑니다. 일

세금을 알면 돈이 보인다

반과세자로 등록하는 게 나은지, 간이과세자로 시작하는 게 나은지 헷갈립니다. 당장 오픈한다고 하더라도 매출이 금세 오를 것 같진 않고, 월세도 7월부터 나가는데 어떤 과세유형으로 등록하는 게 좋은지 고민입니다.

**택스코디** 사업자등록을 앞두고 사업자 유형을 선택하는 데 있어 고민하는 분들이 많은데, 어떤 기준을 가지고 어떻게 선택하면 좋은지 살펴봅시다.

다시 복습하면 과세사업을 하는 개인사업자를 두 가지로 나눌 때 간이과세자와 일반과세자로 구분할 수 있습니다. 이렇게 나누는 이유는 국가적 차원에서 소규모 개인사업자들의 세 부담을 완화하고 납세의 편의를 돕고자 하기 때문입니다. 직전연도 연 매출액 합계액이 일정 금액 미만인 개인사업자들에게 부가가치세를 일부 감면 혹은 면제해주는 식입니다.

매출이 적은 사업체의 경우, 1년에 2번 부가세 10%를 신고·납부하는 것마저도 어려워하는 사업체가 많습니다. 간이과세자 제도는 부가가치세 감면 및 매출 합계금액을 1년에 한 번만 신고할 수 있도록 하는 특례로 납세의무가 줄어들어 영세 자영업자의 경우 이 제도가 많은 도움이 되는 것이 사실입니다.

그렇다면 사업을 시작할 때, 간이과세자가 무조건 유리할까요? 요새는 부업도 많이 하는 시대이기 때문에, 별도의 임대료나 사업 초기비용이 많이 들지 않는 사업을 할 때는 대개 간이과세자가 유리하다고 할 수 있습니다.

그런데 여기서 주의할 점은 간이과세자는 부가가치세 환급이 안 된다는 점입니다. 세알못 씨처럼 사업 초창기에 인테리어 등으로 많은 금액을 지출했고, 여기에 매출마저 없거나 적게 발생했다면, 불가피하게 매입비용이 클 수밖에 없는데, 이런 경우에는 보통 매입 세금계산서 등으로 인해서 환급이 나오는 경우가 많습니다. 그런데 간이과세자로 사업자를 냈으면 부가가치세 환급이 어렵다 보니 일반과세자가 유리할 수 있습니다.

모든 상황에서 간이과세자가 무조건 유리하지는 않습니다. 다음처럼 상황을 가정하고 부가가치세를 계산해봅시다.

- 가정: 화장품 로드숍(소매업, 간이과세자)을 하고 있고, 과세기간 동안 매출은 3,300만 원이고, 적격증빙을 수취한 매입은 4,400만 원입니다. (계산 편리 상 세액공제는 생략)

이렇게 가정하면 매출보다 매입이 큽니다. 만약 일반과세자라면 환급액이 100만 원 (부가가치세 = 매출세액 - 매입세액 = 300만 원 - 400만 원 = -100만 원) 발생했을 것입니다. 그런데 간이과세자이므로 부가가치세 계산을 해보면 다음과 같은 금액이 계산됩니다.

- 부가가치세 = 매출세액 (공급대가 × 업종별 부가가치율 × 10%) - 공제세액 (세금계산서상 매입금액 × 0.5%) = (3,300만 원 × 업종별 부가가

세금을 알면 돈이 보인다

치율 15% × 10%) - (4,400만 원 × 0.5%) = 495,000원 - 220,000원 = 275,000원

어떤가요? 분명 매출보다 매입이 더 큰데도 불구하고 부가가치세가 발생했습니다. 번 돈보다 벌기 위해 쓴 돈이 많은데도, 세금이 계산되는 이상한 상황이 발생했습니다. (제도적으로 개선해야 합니다.) 일반과세자라면 100만 원을 환급받을 텐데, 간이과세자는 275,000원 부가가치세를 내야 하는 특이한 상황도 발생할 때가 있다는 사실을 알아야 합니다.

# 5

식당 사업자라면
꼭 주목하자

| | |
|---|---|
| 문제 1 | 식당을 하고 있습니다. 채소나 고기, 생선 같은 것은 부가세가 붙지 않는 면세 상품입니다. 그러면 저와 같이 식당을 하는 사업자는 비품 (집기, 그릇, 수저 등)을 구매할 때 받은 세금계산서뿐인데, 그렇다면 부가세를 엄청나게 많이 내야 하는 건가요? |
| 문제 2 | 의제매입세액공제를 받기 위해, 준비해야 할 증빙은 무엇인가요? |
| 문제 3 | 대학교 앞에서 삼겹살을 파는 식당을 하고 있습니다. 부가가치세 과세기간인 6개월간 1억 원의 매출이 발생했고, 면세품인 채소와 육류 등을 3,000만 원어치 사들여 장사했습니다. 의제매입세액공제를 얼마나 받을 수 있나요? |
| 문제 4 | 농부에게 직접 구매한 쌀은 의제매입세액공제가 가능한가요? |

이번 장에서는 위에서 말한 문제들에 대한 답을 찾아가는 과정을 통해 '의제매입세액공제 개념', '의제매입세액공제 계산법', 그리고 '의제매입세액공제 신고서 작성법'을 스스로 터득해 부가가치세를 줄일 수 있을 것입니다.

# 의제매입세액공제란 무엇인가?

**세알못**    식당을 하고 있습니다. 채소나 고기, 생선 같은 것은 부가세가 붙지 않는 면세 상품입니다. 그러면 저와 같이 식당을 하는 사업자는 비품(집기, 그릇, 수저 등)을 구매할 때 받은 세금계산서 뿐인데, 그렇다면 부가세를 엄청나게 많이 내야 하는 건가요?

**택스코디**    걱정하지 않아도 됩니다. 결론부터 말하자면 '의제매입세액공제'를 받을 수 있기 때문입니다.

여기서 나오는 '의제(擬制)'라는 단어의 의미는 '본질은 같지 않지만, 법률에서 다룰 때는 같은 것으로 처리하여 같은 효과를 주는 일'을 말합니다. 예를 들어 민법에서 실종 선고를 받은 사람을 사망한 것으로 보는 따위입니다.

세금을 알면 돈이 보인다

따라서 의제매입세액공제란 실제 매입세액은 없지만, 부가가치세 신고 시 매입세액이 있는 것처럼 처리하는 것이라고 이해하면 됩니다.

사업자는 부가가치세를 신고·납부할 때, 다음처럼 소비자에게서 받은 부가가치세(매출세액)에서 자신이 사업을 하기 위해 물건을 매입할 때 낸 부가가치세(매입세액)를 빼고 계산합니다.

> • 부가가치세 = 매출세액 – 매입세액

세알못 씨처럼 음식점 업종은 부가가치세가 면세인 농·축·수산물을 주로 떼오다 보니 나중에 공제할 매입세액이 없고, 따라서 내야 할 부가가치세에 대한 부담이 상대적으로 더 커집니다. 이런 이유로 면세품목의 매입 비중이 높은 사업자들에게는 면세품을 매입했을지라도 일정액만큼은 부가가치세를 냈다고 쳐주는(의제하는) 세제 지원을 하고 있습니다. 바로 의제매입세액공제입니다.

**세알못** 그럼 의제매입세액공제를 받기 위해, 준비해야 할 증빙은 무엇인가요?

**택스코디** 의제매입세액공제를 받기 위해서는 면세물품을 매입했다는 증거가 되는 증빙이 꼭 필요합니다. 부가가치세가 없는 면세물품을 거래했기 때문에 세금계산서가 아닌 계산서가 있어야 합니다. 현금으로 거래했다면 현금영수증, 혹은 신용카드매출전표 등 매입 사실이 확인되는 적격증빙을 챙겨둬야 합니다.

참고로 의제매입세액공제는 과세로 공급한 날을 기준으로 과거에 매입했던 면제 농산물 등에 대해 공제받는 것이 아니라 매입한 날이 속하는 과세기간에 미리 공제를 받습니다.

# 의제매입세액
# 공제액과 한도는?

**TAX**

의제매입세액공제는 다음처럼 면세 매입금액에 일정 비율의 의제매입
세액공제율을 곱해서 계산합니다. (다만 업종별, 사업자 규모별로 그 비율은
좀 다릅니다.)

> • 의제매입세액 = 면세 농산물 등의 매입가액 × 공제율

　음식점업 중 과세유흥장소는 2/102(약 1.96%)를 곱합니다. 과세유흥
장소 외의 음식점업의 경우 법인은 6/106(약 5.66%), 개인은 8/108(약
7.41%)을 적용하고, 개인음식점업 중에서도 부가세 과세표준(반기매출)
이 2억 원 이하이면 9/109(약 8.26%, 2026년까지 우대 적용)를 곱합니다.

　또 제조업 중에서 과자점업, 도정업, 제분업, 떡방앗간 등의 개인사업

자는 6/106, 그 밖의 제조업 개인사업자는 4/104(약 3.85%)를 곱해서 공제액을 계산합니다. 다음 표를 참고합시다.

▶ **의제매입세액 공제율**

| 구분 | | 공제율 |
|---|---|---|
| 음식점업 | 반기매출 2억 원 이하 개인사업자 | 9/109 |
| | 반기매출 2억 원 초과 개인사업자 | 8/108 |
| | 법인사업자 | 6/106 |
| 제조업 | 1. 과자점업, 도정업, 제분업, 떡방앗간을 운영하는 개인사업자 | 6/106 |
| | 2. 1을 제외한 개인사업자 및 중소기업 | 4/104 |
| | 3. 그 외 | 2/102 |
| 기타 업종 | 과세유흥장소 및 그 외 업종 | 2/102 |

그리고 의제매입세액공제에는 한도가 있습니다. 공제 한도는 업종과 면세매입금액에 따라 다릅니다. 개인음식점의 경우 과세표준 1억 원 이하이면 공제 한도가 75%로 높고, 2억 원 이하이면 70%, 2억 원 초과는 60%로 줄어듭니다. 다음 표를 참고합시다.

▶ **의제매입세액 공제 한도율**

| 구분 | 과세표준 | 음식점 | 그 외 업종 |
|---|---|---|---|
| 개인사업자 | 1억 원 이하 | 과세표준 × 75% | 과세표준 × 65% |
| | 1억 원 초과~2억 원 이하 | 과세표준 × 70% | |
| | 2억 원 초과 | 과세표준 × 60% | 과세표준 × 55% |
| 법인사업자 | | 과세표준 × 50% | 과세표준 × 50% |

세금을 알면 돈이 보인다

(2025년 12월 31일까지 적용 한도, 기존 한도율 보다 10%가 더 늘어난 우대 한도 적용)

의제매입세액 한도는 다음처럼 계산합니다.

> - 의제매입세액 한도액 = 과세표준 × 공제율 × 한도율

**세알못**  대학교 앞에서 삼겹살을 파는 식당을 하고 있습니다. 부가가치세 과세기간인 6개월간 1억 원의 매출이 발생했고, 면세품인 채소와 육류 등을 3,000만 원어치 사들여 장사했습니다. 의제매입세액공제를 얼마나 받을 수 있나요?

**택스코디**  면세 매입가액 3,000만 원에 공제율 9/109를 곱하면 약 2,477,064원입니다.

이제 한도 금액을 계산해 봅시다.

> - 의제매입세액 한도액 = 과세표준 × 공제율 × 한도율
>   = 1억 원 × 9/109 × 75% = 6,192,660원

의제매입세액 공제금액이 한도액을 초과하지 않으므로, 의제매입세액공제 금액은 2,477,064원입니다. 부가가치세 신고 시 의제매입세액공제신고서에는 다음과 같이 기재하면 됩니다.

| 면세 농산물 등 의제매입세액 관련 신고 내용 | | | | | | |
|---|---|---|---|---|---|---|
| **가. 과세기간 과세표준 및 공제 가능한 금액 등** | | | | | | |
| 과세표준 | | | 대상액 한도 계산 | | 19.<br>당기매입액 | 20.<br>공제대상금액<br>(18과 19의 금액<br>중 적은 금액) |
| 14. 합계 | 15. 예정분 | 16. 확정분 | 17. 한도율 | 18. 한도액 | | |
| 100,000 000 | | 100,000,000 | 75% | 75,000,000 | 30,000,000 | 30,000,000 |
| **나. 과세기간 공제할 세액** | | | | | | |
| 공제대상세액 | | 이미 공제받은 세액 | | | 26. 공제(납부)할 세액<br>(22-23) | |
| 21. 공제율 | 22. 공제<br>대상세액 | 23. 합계 | 24. 예정<br>신고분 | 25. 월별 초<br>기분 | | |
| 9/109 | 2,477,064 | | | | 2,477,064 | |

세금을 알면 돈이 보인다

# 공제받은 세액을
# 추징당할 수 있다

의제매입세액공제는 매입 이후 해당 재화를 판매할 때 적용받는 것이 아니라, 매입 당시에 적용을 받도록 규정되어 있는 특성 때문에 나중에 다시 추징당하는 일이 생기기도 합니다. 먼저 공제받은 뒤에 이를 과세 제품으로 가공·제조하지 않고 면세 제화 그대로 양도 또는 인도하거나, 부가가치세가 면제되는 사업 (면세사업)으로 공급하는 경우가 여기에 해당합니다. 이때는 공제받았던 세금을 공급이 속한 과세기간의 부가가치세를 신고할 때 납부세액에 더해서 내야 합니다.

이는 의제매입세액 공제 취지가 과세 재화를 판매할 때는 매출세액을 내야 하지만, 해당 과세 재화의 원재료를 구매할 때는 매입세액을 공제받지 못하는 불합리함을 해소하기 위한 것이기 때문입니다. 다시 말해 판매할 때 과세로 판매할 여지가 없게 되었기 때문에 다시 가져가는 것입니다.

> **세알못**  농부에게 직접 구매한 쌀은 의제매입세액공제가 가능한가요?
>
> **택스코디**  면세 농산물을 직접 농민으로부터 구매한 경우, 음식점은 의제매입세액공제가 안 되지만, 제조업은 의제매입세액공제가 가능합니다. 이때는 의제매입공제신고서만 제출하면 됩니다.

참고로 부가가치세 신고를 간편하게 하는 간이과세사업자도 종전에는 의제매입세액공제가 가능했지만, 2020년 세법 개정으로 2021년 7월 1일부터는 의제매입세액공제를 받을 수 없게 됐습니다.

의제매입세액공제는 공제율과 공제 한도, 공제대상 등 규정이 자주 바뀌기 때문에 달라지는 내용에 대해 자주 확인해야 합니다.

세금을 알면 돈이 보인다

부가세 환급, 남들보다
더 빨리 받는 방법은?

| 문제 1 | G마켓을 통해 온라인판매도 겸하고 있습니다. G마켓으로 고객이 카드 결제를 했을 때, 해당 금액도 신용카드매출 전표 등 발행 공제를 받을 수가 있나요? |
|--------|------|
| 문제 2 | 9월에 일반과세자로 사업자등록을 하고, 설비투자로 1억 3,200만 원을 지출했습니다. 9월 매출은 발생하지 않았고, 12월까지 예상 매출은 매월 4,400만 원씩 발생해 총 1억 3,200만 원 정도 발생할 것 같습니다. 예정신고를 해서 조기환급을 받는 것이 유리한가요? |
| 문제 3 | 조기환급신고를 하면 환급금은 언제 받을 수 있나요? |

이번 장에서는 위에서 말한 문제들에 대한 답을 찾아가는 과정을 통해 '신용카드매출 전표 등 발행 공제', '조기환급신고', 그리고 '꼭 예정신고를 해야 하는 경우' 등을 스스로 터득해 부가가치세를 줄일 수 있을 것입니다.

# 부가세를 줄여주는 '신용카드매출 전표 등 발행 공제'란?

최종 소비자가 주된 고객인 음식점, 소매업 등은 카드 매출 비율이 높습니다. 부가가치세법에서는 카드나 현금영수증 (온라인 결제 포함)을 통해서 매출이 발생하면, 해당 매출의 일정 비율만큼 부가가치세 신고 시 세액공제를 해줍니다. 바로 '신용카드매출 전표 등 발행 공제'입니다. 적용대상 사업자는 다음과 같습니다.

'소매업, 음식점업, 숙박업, 미용·욕탕 및 유사 서비스업, 여객운송업, 입장권을 발행해 경영하는 사업 등 주로 사업자가 아닌 소비자에게 재화 또는 용역을 공급하는 사업으로서 기획재정부령으로 정하는 사업'

신용카드 발행세액공제는 개인사업자 중 영수증 발행대상 업종에 해

세금을 알면 돈이 보인다

당하는 때에만 적용 가능합니다.

　제조업의 경우에는 오프라인 매장이나 온라인 쇼핑몰 등에서 카드나 현금영수증으로 매출을 발생시켰더라도 도정업 등의 떡방앗간이나 양복·양장·양화점, 자동차 제조업 등 일부 세법에 열거된 업종의 제조업 외에는 신용카드 발행세액공제 적용이 불가능합니다. 예를 들어 음료 제조업, 일반 빵집, 제과점 등도 신용카드 발행세액공제 대상 업종이 아니므로 공제 적용 시 주의해야 합니다.

　단, 개인사업자 중 연 매출 10억 원 이상인 일반과세자, 법인사업자는 적용대상에서 제외합니다. '신용카드매출 전표 등 발행 공제'의 공제율과 한도는 다음과 같습니다.

| 신용카드매출 전표 등 발행 공제금액 | |
|---|---|
| 공제율 | 1% (2023년 12월 31일까지는 1.3%) |
| 한도 | 500만 원 (2023년 12월 31일까지는 1천만 원) |

　예를 들어 과세기간 동안 신용카드(현금영수증 포함) 매출이 1억 원이면 이 금액의 1%, 즉 1백만 원을 부가가치세 신고 시 세액공제 받을 수 있습니다.

**세알못**　G마켓을 통해 온라인판매도 겸하고 있습니다. G마켓으로 고객이 카드 결제를 했을 때, 해당 금액도 신용카드매출 전표 등 발행 공제를 받을 수가 있나요?

**택스코디**　네. 가능합니다.

개인사업자의 경우 예외적인 경우를 제외하고선 부가가치세 신고 시 신용카드매출 및 현금영수증 매출에 대해 일정 비율 1% 금액만큼 세액공제를 받을 수 있습니다.

이때 매장에서 이뤄지는 신용카드 결제는 보통 VAN사를 이용하므로 문제가 없으나, 온라인 쇼핑몰의 경우 여신전문금융업법 결제대행업체가 아닌 곳을 통한 결제를 한 경우 신용카드매출세액공제를 받을 수 없으니 확인이 필요합니다.

참고로 배달의 민족, 11번가, G마켓, 옥션, 스토어팜 등은 결제대행업체로 등록되어 있어 신용카드매출 전표 등 발행 공제가 가능합니다.

# 조기환급
# 어떻게 신고하나?

조기환급제도는 자금을 조기에 확보하여 유동성을 해결하는 데 매우 큰 도움이 됩니다. 그런데 이 제도를 모르고 신청하지 않으면 혜택을 누릴 수가 없습니다.

사업을 시작하면 일정 기간 매출은 발생하지 않고 초기비용만 증가하는 '데스밸리(death valley)' 기간을 겪게 되는데, 영세 자영업자의 경우 자금 부족으로 압박을 받게 됩니다.

다시 복습하면 부가가치세 과세기간은 1기 (1월 1일부터 6월 30일까지), 2기 (7월 1일부터 12월 31일까지)로 정해져 있습니다. 이 기간은 임의로 조정할 수 없습니다. 하지만, 조기환급신고가 가능한 사유가 발생했다면 예외적으로 미리 신고할 수 있습니다.

**세알못**　그럼 어떤 경우에 조기환급신고가 가능한가요?

**택스코디**　다음과 같습니다.

① 사업 설비를 신설·취득·확장하는 경우

② 영세율을 적용받는 경우

③ 사업자가 재무구조개선계획을 이행 중인 경우

대체로는 사업 설비 신설·취득·확장·증축하는 경우와 영세율을 적용받는 경우가 조기환급의 주요 대상이 됩니다.

먼저 사업 설비를 신설·취득·확장하는 경우, 사업 설비는 사업에 직접 사용하는 자산으로서 감가상각이 되는 걸 말하는데, 인테리어 공사와 사무실 또는 업무용 차량 매입 내역에 대해 부가가치세 조기환급이 가능합니다.

이럴 때 조기환급을 받으려면 부가가치세 신고 시 '건물 등 감가상각 자산 취득명세서'를 첨부해 증명해야 합니다. 단 사업에 직접 사용하는 범위 안에서만 조기환급이 가능하므로 사업 운영 목적이 아니라 단순 투자목적으로 매입한 부동산은 조기환급 대상에서 제외됩니다.

다음으로 사업자가 영세율을 적용받는 경우는 수출사업자가 대표적입니다. 수출품에 부과되는 부가가치세는 수입국에서 징수하는 게 원칙이기 때문에 수출품에는 부가가치세를 0%의 세율로 적용해 부과하지 않습니다. 반면 수출사업자가 제품을 만들기 위해 수입 원재료를 매입할 때 부담했거나 기타 국내에서 부담한 부가가치세는 환급 대상이 됩니다.

각 신고 기간 단위별로 영세율의 적용대상이 되는 과세표준이 있는 때에만 환급 가능하며, 일반과세자 부가가치세 신고서에 '영세율 등 조기환급'을 신청해 증빙서류와 함께 제출하면 됩니다.

마지막으로 재무구조개선계획을 이행한 경우에는 조기환급기간, 예정신고기간 또는 과세기간의 종료일 현재 재무구조개선계획을 이행 중인 상황에만 조기환급을 받을 수 있습니다. 조기환급을 위해서는 신고할 때 '재무구조개선계획서'를 첨부해 신고하면 됩니다.

조기환급신고의 취지는 수출 지원, 일시에 많은 지출이 발생한 사업자의 자금 압박 문제를 해결하는 것입니다. 따라서 조기환급을 받으려는 사업자는 부가가치세 신고 기간 전이라도 매월 또는 매 2월분을 신고하거나 예정신고가 가능합니다.

일반과세사업자이며 식당을 운영하는 최 사장님, 1월에 식당 인테리어를 하고 2월에는 각종 설비 매입으로 목돈이 들어갔습니다. 이럴 때는 부가가치세 확정신고 기간인 7월까지 기다리지 말고 1월과 2월의 매출, 매입에 대한 부가가치세 신고를 3월 25일까지 조기환급신고를 하면 됩니다.

그러고 나서 3월부터 6월까지의 매출, 매입에 관한 부가가치세 확정신고를 7월 25일까지 하면 됩니다.

정리하면 조기환급신고는 빨리 환급받기 위해서 더 빨리 신고하는 것입니다. 참고로 작성하는 신고서는 정기신고와 같습니다.

**세알못**　그럼 조기환급신고를 하면 환급금은 언제 받을 수 있나요?

**택스코디** 환급은 사업용 계좌를 통해 이뤄지는데, 신고서를 작성할 때 환급받는 계좌를 입력하는 칸이 있습니다. 여기에 입력된 계좌로 환급금은 입금됩니다.

가령 정기신고 때 환급이 발생했다면, 다시 말해 1월에서 6월까지 1기 부가가치세 확정신고를 7월 25일까지 했다면, 이날로부터 한 달 이내에 환급이 이뤄집니다.

그런데 조기환급신고는 신고기한 이후 15일 이내에 신고서를 제출한 세무서에서 환급을 결정하고 입금합니다. 정기신고와 비교해 조금 더 빨리 환급받을 수 있습니다.

세금을 알면 돈이 보인다

# 이럴 때는 부가가치세 예정신고를 꼭 하자

**세알못**    9월에 일반과세자로 사업자등록을 하고, 설비투자로 1억 3,200만 원을 지출했습니다. 9월 매출은 발생하지 않았고, 12월까지 예상 매출은 매월 4,400만 원씩 발생해 총 1억 3,200만 원 정도 발생할 것 같습니다. 예정신고를 해서 조기환급을 받는 것이 유리한가요?

**택스코디**    결론부터 말하자면, 세알못 씨는 부가가치세 예정신고를 꼭 해야 합니다. 다음 내용을 살펴봅시다.

9월에 일반과세자로 사업자등록, 설비투자로 1억 3,200만 원 (매입세액 1,200만 원)을 지출, 9월 매출은 0원, 10월에서 12월까지 매출은 매월 4,400만 원씩 발생해 총 1억 3,200만 원 (매출세액 1,200만 원)이 발생할

것이라 가정 (계산 편리 상 다른 매입은 없다고 가정)

● **예정신고 후 조기환급을 받은 경우**

먼저 9월분 예정신고 시 부가가치세를 계산하면 다음과 같습니다.

> • 부가가치세 = 매출세액 - 매입세액 = 0원 - 1,200만 원
>
>   = -1,200만 원 (1,200만 원 환급 발생)

다음으로 10월에서 12월까지 정기신고 시 부가가치세를 계산하면 다음과 같습니다.

> • 부가가치세 = 매출세액 - 매입세액 = 1,200만 원 - 0원
>
>   = 1,200만 원 (산출세액)

> 납부세액 = 산출세액 - 신용카드매출 전표 등 발행 공제금액
>
> = 1,200만 원 - 132만 원 (1억 3,200만 원 × 1%) = 1,068만 원

예정신고 시 1,200만 원의 환급이 발생했고, 정기신고 시 1,068만 원의 부가가치세가 발생해, 결과적으로 남은 돈은 132만 원입니다.

그럼 같은 조건에 예정신고를 하지 않았다고 가정하고 부가가치세를 계산해봅시다.

세금을 알면 돈이 보인다

## ● 예정신고를 하지 않고 정기신고만 한 경우

9월에서 12월까지 부가가치세를 계산하면 다음과 같습니다.

> - 부가가치세 = 매출세액 - 매입세액
>   = 1,200만 원 - 1,200만 원 = 0원

여기서 잠깐! 위를 보아 알 수 있듯이 '신용카드매출 전표 등 발행 공제'는 산출세액이 있을 때만 가능합니다. 예정신고를 했을 때 남은 돈은 132만 원이었으나, 예정신고를 하지 않아 조기환급을 받지 못할 때는 신용카드매출 전표 등 발행 공제를 받을 수 없어 남은 돈이 생기지 않았습니다. 같은 상황이라 하더라도 예정신고(조기환급)를 하는지, 안 하는지에 따라 최종 결과는 달라질 수 있습니다. 따라서 최초 설비투자로 환급이 예상될 때는 꼭 예정신고(조기환급)를 해야 합니다.

# 7

세무대리인은
언제부터 써야 하나요?

| | |
|---|---|
| **문제 1** | 새내기 사장입니다. 아직 매출이 크지 않아 간편장부대상자인데요. 꼭 기장 맡겨야 하나요? |
| **문제 2** | 간편장부대상자인데, 복식부기 방식으로 신고할 수도 있나요? |
| **문제 3** | 복식부기의무자가 간편장부를 써서 소득세를 신고하면, 어떻게 되나요? |
| **문제 4** | 지난해 음식점에서 7억 원의 수입금액이 생겼고, 부동산 임대수익으로 1억 원을 벌었습니다. 성실신고확인대상인가요? |

이번 장에서는 위에서 말한 문제들에 대한 답을 찾아가는 과정을 통해 '간편장부대상자와 복식부기의무자의 구분', '환산 수입금액 계산', 그리고 '성실신고확인대상자의 소득세 신고' 등을 스스로 터득해 종합소득세를 줄일 수 있을 것입니다.

# 간편장부대상자인데, 기장 맡겨야 하나?

TAX

세무대리인에게 기장 대리를 맡기는 걸 '기장을 맡긴다'라고 말하죠. 기장(記帳)은 원래 '기록된 장부'라는 뜻입니다. 사업자가 세금을 신고할 때 내역을 그대로 신뢰할 수는 없으니, 객관적인 기록으로 남기도록 하는 것입니다. 국세청에 기장을 제출할 때 두 가지 방식이 있습니다.

첫 번째는 간편장부입니다. 매입과 매출 내역을 거래처별로 일자순으로 정리해서 제출하면 됩니다. '간편'이라는 말에서도 알 수 있듯이 건별 거래를 간단하게 기록하면 됩니다.

두 번째는 복식부기입니다. 단순히 현금이 드나드는 것을 정리하는 간편장부와는 다르게 회계적 지식이 필요한 방식입니다. 자산과 부채, 자본, 비용과 수익의 흐름이 일치하게 차변과 대변을 구분해서 정리해야

세금을 알면 돈이 보인다

합니다.

원칙적으로 기장의 기본 원칙은 복식부기입니다. 다만 모든 사업자가 복식부기를 할 필요는 없고, 일정 수입금액 이상일 때에만 의무입니다. 회계나 재무담당자가 있는 기업체는 복식부기로 장부를 쓰는 게 쉽지만, 그렇지 않으면 세금신고를 하기 어려우니 나름 배려한 것이라고 할 수 있죠.

**세알못**  그럼 일정 수입금액 이상이란 구체적으로 얼마인가요?

**택스코디**  업종마다 기준금액이 차이가 있습니다. 농업, 임업, 어업, 광업, 도소매업, 부동산매매업 등은 직전연도 매출 기준 3억 원 미만 사업자만 간편장부로 신고할 수 있습니다. 또 제조업, 숙박·음식업, 전기·가스·증기·수도사업·건설업·운수업·출판·영상, 방송통신 및 정보서비스업, 금융보험업, 상품중개업 등은 매출 1억 5,000만 원 미만일 때 가능합니다.

그리고 부동산임대업, 전문·과학·기술서비스업, 사업시설관리·사업지원서비스업, 교육서비스업, 보건 및 사회복지사업, 예술·스포츠·여가관련 서비스업 등은 수입금액 7,500만 원 미만일 때 간편장부로 신고할 수 있습니다. 이 매출 기준을 넘어서는 사업자들은 반드시 복식부기로 기장을 해야 합니다.

단 변호사, 변리사, 법무사, 공인회계사, 세무사, 의사, 한의사, 수의사, 약사 등 전문직 사업자도 매출액 구분 없이 복식부기로 해야 합니다. 복식부기 기준 대상자가 간편장부로 기장을 하면 가산세를 내야 합니다. 다음 표를 참고합시다.

▶ 개인사업자 업종에 따른 장부작성 기준 수입금액

| 업종 | 간편장부<br>대상자 | 복식부기<br>의무자 |
|---|---|---|
| 가. 농업·임업 및 어업, 광업, 도매 및 소매업(상품중개업을 제외한다.), 소득세법 시행령 제122조 제1항에 따른 부동산매매업, 그 밖에 '나' 및 '다'에 해당하지 않는 사업 | 3억 원 미만 | 3억 원 이상 |
| 나. 제조업, 숙박 및 음식점업, 전기·가스·증기 및 공기조절 공급업, 수도·하수·폐기물처리·원료재생업, 건설업(비주거용 건물 건설업은 제외), 부동산 개발 및 공급업(주거용 건물 개발 및 공급업에 한함) 운수업 및 창고업, 정보통신업, 금융 및 보험업, 상품중개업, 욕탕업 | 1억 5,000만 원 미만 | 1억 5,000만 원 이상 |
| 다. 소득세법 제45조 제2항에 따른 부동산임대업, 부동산업('가'에 해당하는 부동산매매업 제외), 전문·과학 및 기술서비스업, 교육서비스업, 보건업 및 사회복지서비스업, 예술 • 스포츠 및 여가 관련 서비스업, 협회 및 단체, 수리 및 기타 개인 서비스업, 가구 내 고용 활동 | 7,500만 원 미만 | 7,500만 원 이상 |

간편장부의 장점은 다음과 같습니다.

1. 쉬운 작성법: 복식부기 장부와 비교해 작성과 관리가 쉽다.

2. 절세 효과: 종합소득세 신고 시 실제 사업에서 발생한 비용을 필요경비로 인정받을 수 있다. 또한, 사업에 필요한 자산을 매입했을 때 이에 대한 감가상각도 비용으로 처리할 수 있으므로 절세 효과를 기대할 수 있다.

3. 결손금 소득공제: 간편장부대상자가 간편장부를 작성하면 결손금

소득공제 혜택도 받을 수 있다. 만약 사업에서 적자가 발생하면 그 금액에 대해 향후 15년간 소득에서 공제 혜택을 받을 수 있다.

4. 가산세 면제: 간편장부대상자는 장부를 작성하지 않아도 가산세가 발생하지 않는 것으로 착각하는 사업자가 있는데, 이는 잘못된 정보이다. 소규모 사업자(신규 개업 또는 수입금액 4천8백만 원 미만)를 제외한 간편장부대상자가 장부를 작성하지 않으면, 산출세액의 20%를 가산세로 내야 한다. 물론 간편장부 작성 시에는 이 또한 면제된다.

**세알못** 새내기 사장입니다. 아직 매출이 크지 않아 간편장부대상자인데요. 꼭 기장 맡겨야 하나요?

**택스코디** 매출이 적다면 직접 세무 신고를 진행할 수 있습니다. 간편장부 작성 프로그램이나 서식을 이용해서 일자·거래내용·거래처·수입·비용·고정자산 증감을 기록하면 됩니다. 직접 작성해 보고 이런 절차가 힘들다 하면 세무대리인에게 위탁하면 됩니다.

**세알못** 간편장부대상자인데, 복식부기 방식으로 신고할 수도 있나요?

**택스코디** 물론 가능합니다. 만약 간편장부대상자가 복식부기 방식으로 장부를 작성하면 '기장세액공제'를 적용받을 수 있습니다.

기장세액공제란 간편장부대상자가 종합소득세 신고 시 복식부기 방식으로 작성해 소득금액을 계산하고 재무제표 및 조정계산서를 제출하면, 다음과 같이 계산해 기장세액공제를 적용받을 수 있습니다.

- 기장세액공제액 = 산출세액 × 20% (한도 100만 원)

# 복식부기의무자라면
# 맡기는 걸 추천한다

복식부기의무자와 전문직 개인사업자는 사업용 계좌를 홈택스에 등록하고 사용해야 합니다, 인건비를 비롯한 임차료, 금융기관을 통한 모든 입출금 거래는 모두 사업용 계좌를 사용해야 하고 만약 이용하지 않으면 가산세를 물 수 있으니 주의해야 합니다.

이 외에도 중요하게 신경 써야 할 것이 있습니다. 바로 세금입니다. 벌어들인 소득에 대해서는 소득세를 스스로 신고·납부해야 합니다. 심지어 소득이나 없더라도 신고는 해야 하죠.

복식부기의무자는 사업과 관련된 재산상태와 거래내용을 일별로 이중으로 기록해 장부를 작성하고 재무상태표, 손익계산서 등 재무제표를 제출해야 하는 유형입니다. 회계지식을 바탕으로 작성해야 하므로 세무사의 도움을 받아 작성하는 경우가 많습니다. 이런 부담을 덜기 위해 세무사에게 세무대리를 맡긴다고 하더라도 세금과 관련한 책임이 사라지는 것은 아닙니다. 세무대리인을 고용하더라도 결국 세금신고와 납부의 최종 책임은 사업자가 져야 하기 때문이죠. 세금에 대해 기본적인 지식을 알고 사업을 하는 것과 모르고 하는 것은 큰 차이가 있습니다.

**세알못**　복식부기의무자가 간편장부를 써서 소득세를 신고하면, 어떻게 되나요?

**택스코디**　간편장부는 '대상'이라고 하고 복식부기는 '의무'로 표현하는 것은 간편장부대상도 복식부기를 원하면 복식부기로 기장 할 수 있다는 뜻입니다. 반대로 복식부기 의무자는 간편장부로 신고해서는 안 된다는 뜻도 담고 있습니다.

　　　　간편하게 간편장부로 써도 되는데 굳이 복식부기로 꼼꼼하게 장부를 써서 신고하는 경우에는 내야 할 소득세의 20%를 100만 원까지 기장세액공제로 깎아주는 혜택을 받을 수 있습니다. 하지만 복식부기의무자인데 간편장부로 작성해서 신고한 경우에는 기장도 하지 않고, 신고도 하지 않은 것으로 봅니다. 따라서 무신고가산세와 무기장가산세까지 물어야 합니다. 다음 표를 참고합시다.

세금을 알면 돈이 보인다

**▶ 기장 의무에 따른 혜택과 벌칙**

| 구분 | 간편장부대상자 | 복식부기의무자 |
|---|---|---|
| 복식부기로 기장 한 경우 | 기장세액공제 | 혜택도 벌칙도 없음 |
| 복식부기로 기장 하지 않은 경우 | 혜택도 벌칙도 없음 | 무신고가산세, 무기장가산세 |

**세알못**    사업자가 3개입니다. 제조업으로 수입금액은 1억 원, 도매업으로 5천만 원, 부동산임대업으로 1천만 원, 총수입금액은 1억 6천만 원입니다. 간편장부대상자인가요? 복식부기의무자인가요?

**택스코디**    직전년도 사업장이 2개 이상이거나 업종이 서로 다른 경우에는 다음의 계산법으로 환산 수입금액을 계산합니다. (주업종은 수입금액이 가장 큰 업종입니다.)

> 주업종 수입금액 + 주업종 외 수입금액 × (주업종 기준금액
> / 주 업종 외 기준금액)

세알못 씨의 경우에는 주업종이 제조업이 됩니다. 환산 수입금액을 계산해보면,

> 1억 원 + 1천만 원 × (1억 5천만 원 / 7천 5백만 원) +
> 5천만 원 × (1억 5천만 원 / 3억 원) =
> 1억 원 + 2천만 원 + 2천 5백만 원 = 1억 4천 5백만 원

환산한 수입금액이 기준금액 1억 5천만 원(제조업) 미만이므로 간편장부대상자입니다.

참고로 2개 이상의 사업장이 있는 경우에는 사업장별로 거래 내역이 구분될 수 있도록 사업장별 간편장부를 작성해야 합니다.

세금을 알면 돈이 보인다

# 성실신고대상자가 되면 무조건 맡겨야 한다

개인사업자라면 1년 동안 벌어들인 소득에 대해 다음 연도 5월에 종합소득세 신고를 해야 합니다. 그러나 1년 동안 매출이 많이 발생해 세법에서 정한 기준을 초과했다면, 5월이 아닌 6월에 신고해야 합니다. 이런 사람들을 '성실신고확인대상자'라고 합니다. 성실신고확인대상자가 되면 종합소득세 신고 전에 반드시 세무대리인에게 신고서 작성의 성실도를 확인받도록 하는 의무를 두고 있습니다. 이를 '성실신고확인'이라고 합니다.

연 매출, 정확히는 연간 수입금액이 일정 금액을 넘어서면 성실신고확인대상이 됩니다. 농업이나 도·소매업은 연 15억 원 이상, 제조업이나 숙박업, 음식점업은 7억 5,000만 원 이상이면 성실신고확인을 받아야 합니다. 부동산임대업이나 서비스업종은 5억 원만 넘어도 성실신고확인 대상으로 구분됩니다. 다음 표를 참고합시다.

▶ **성실신고확인대상 기준금액**

| 업종 | 해당 과세기간 수입금액 |
|---|---|
| (가) 농업 · 임업 및 어업, 광업, 도매 및 소매업(상품중개업 제외), 부동산매매업, 그 밖에 (나) 및 (다)에 해당하지 않는 사업 | 15억 원 |
| (나) 제조업, 숙박 및 음식점업, 전기·가스·증기 및 공기조절 공급업, 수도·하수·폐기물처리·원료재생업, 건설업(비주거용 건무 건설업은 제외, 주거용 건물 개발 및 공급업을 포함), 운수업 및 창고업, 정보통신업, 금융 및 보험업, 상품중개업 | 7억 5천만 원 |
| (다) 부동산임대업, 부동산업(부동산매매업 제외), 전문·과학 및 기술서비스업, 사업시설관리·사업지원 및 임대서비스업, 교육서비스업, 보건업 및 사회복지서비스업, 예술·스포츠 및 여가 관련 서비스업, 협회 및 단체, 수리 및 기타 개인 서비스업, 가구 내 고용 활동업 | 5억 원 |

**세알못** 그런데 둘 이상의 업종을 겸영하거나 사업장이 둘인 경우, 또 연도 중에 개업이나 폐업을 한 경우에는 어떻게 구분되는지 헷갈립니다.

**택스코디** 이런 경우 매출이 큰 '주된 업종'을 기준으로 수입금액을 환산합니다. 주된 업종의 수입금액이 성실신고확인대상이 되는 기준금액에 못 미치더라도 그 밖의 업종 수입금액환산액을 합한 금액이 기준금액을 넘으면 성실신고확인 대상이 됩니다. 그 밖의 업종 수입금액은 주된 업종 수입금액으로 환산하는 별도의 계산식을 적용해서 계산합니다. 다음과 같습니다.

세금을 알면 돈이 보인다

- 성실신고확인대상 수입금액 기준 환산적용방법(주업종: 수입이 큰 업종)

> 주업종 수입금액 + 주업종 외 업종의 수입금액 × (주업종의 기준수입금액 / 주업종 외 업종의 기준수입금액)

예를 들어 지난해 음식점에서 7억 원의 수입금액이 생겼고, 부동산 임대수익으로 1억 원을 벌어들인 사업자가 있다고 가정해봅시다.

이 사업자 음식점의 수입금액만 보면 7억 원으로 7억 5,000만 원인 성실신고확인대상 기준에 못 미칩니다. 하지만 겸영하고 있던 부동산임대업에서 수입금 1억 원을 벌었고, 이것을 음식점수입금액으로 환산하면 1억 5,000만 원이 되고, 이것을 주업종 수입금액 7억 원에 더하면 총수입금액은 8억 5,000만 원으로 성실신고확인대상으로 구분됩니다.

> 주업종의 수입금액 + 주업종 외 업종의 수입금액 × (주업종의 기준수입금액 / 주업종 외 업종의 기준수입금액) = 7억 원 + 1억 원 × (7억 5천만 원/5억 원) = 8억 5천만 원

**세알못**　작년 6월 개업한 수입금액 15억 원 제조업자입니다. 성실신고확인대상인가요?

**택스코디**　제조업 기준금액 7억 5천만 원 이상이며, 신규사업자도 해당됩니다.

성실신고확인사업자는 종합소득세 신고를 할 때 제대로 신고했는지 적정성 여부를 세무사 등에게 확인받고 신고해야 합니다. 자영업자들의 탈세 의도가 없음을 세무사와 같은 전문가가 다시 한 번 확인하는 제도로서 사업자들의 성실신고를 의도하는 한편 책임감 있는 세무대리를 하게끔 하는 데 그 목적이 있습니다. 이렇게 조금 더 철저한 절차를 거쳐서 신고하므로 나라에서도 다음과 같은 여러 가지 혜택을 사업자에게 주고 있습니다.

1. 6월 말까지 신고 기간 연장: 종합소득세 신고는 5월 31일까지입니다. 그러나 성실신고확인대상 사업자는 1달이라는 기간을 더 줘서 6월 30일까지 신고·납부해야 합니다.
2. 성실신고확인비용 세액공제: 성실신고확인대상 사업자가 성실신고확인신고를 제대로 이행하면 그와 관련된 비용의 60%(120만 원 한도)를 세금에서 공제해줍니다.
3. 의료비, 교육비 등 세액공제: 성실신고확인대상 사업자가 성실신고를 제대로 이행하면 일반 개인사업자는 받을 수 없는 의료비·교육비·월세 세액공제를 적용받을 수 있습니다.

세금을 알면 돈이 보인다

7  세무대리인은 언제부터 써야 하나요?

추계신고가 뭔가요?

| | |
|---|---|
| 문제 1 | 소규모 사업자이거나 사업 첫해인 사업자는 당장 기장을 맡기지 않아도 될까요? |
| 문제 2 | SNS마켓 사업자입니다. 2023년 수입금액이 5,000만 원입니다. 단순경비율(86%) 적용 시 사업소득금액은 어떻게 계산하나요? |
| 문제 3 | 간편장부대상자이며 한식당을 운영하고 있습니다. 2023년 수입금액이 1억 원이고, 적격증빙을 갖춘 주요경비가 3,000만 원입니다. 기준경비율을 적용할 때 소득금액 계산은 어떻게 하나요? |
| 문제 4 | 모두채움신고서 그대로 신고하면, 국세청이 자칫 실수하지는 않았을지 걱정되는 부분도 있습니다. 세금을 걷는 기관이다 보니 이대로 냈다가는 절세할 수 있는 포인트를 놓치는 건 아닐까 하는 걱정도 되는 것이 사실이고요. |

이번 장에서는 위에서 말한 문제들에 대한 답을 찾아가는 과정을 통해 '추계신고의 이해', '단순경비율을 이용한 소득금액 계산', '기준경비율을 이용한 소득금액 계산' 그리고 '모두채움신고 시 주의사항' 등을 스스로 터득해 종합소득세를 줄일 수 있을 것입니다.

# 장부를 쓰지 않아도 신고할 수 있다

사업을 시작할 때부터 세무대리인의 도움을 받아야 하는지 고민을 하는 사업주가 많습니다. "번 돈이 없으면 세금. 신경 쓰지 않아도 된다.", "규모가 작은 사업장은 기장을 맡기지 않고 혼자 신고할 수 있다.", "사업 첫해는 세금 신고할 게 거의 없다." 같은 말을 듣고 '스스로 세무업무를 하다 이익이 발생하고 사업이 안정되고 나면 세무사를 찾아야지'라고 생각하기도 합니다.

**세알못**   정말 소규모 사업자이거나 사업 첫해인 사업자는 당장 기장을 맡기지 않아도 될까요?

**택스코디**   일정 매출 이하 소규모 사업자이거나 또는 사업 첫해인 사업자, 즉 첫 소득세 신고를 해야 하는 사업자는 당장 기장을 맡기지 않아도 됩니다. 그 이유는 단순경비율 추계신고가 가능하기 때문입니다. 뒤집어 말하면, 단순경비율 추계신고 대상자는 직접 신고해도 무리가 없다는 말입니다.

**세알못**  추계신고란 무엇을 말하는 건가요?

**택스코디**  세무대리인의 도움 없이 홈택스에서 가장 간단하게 신고하는 방법은 장부를 작성하지 않고 하는 '추계신고'입니다. 추계신고란 국세청에 장부를 제출하지 않고, 납세자의 업종을 고려해 업종평균수준의 경비를 지출했다는 가정하에 세액을 계산하는 방법입니다.

그러나 추계신고하는 경우 수입금액 4,800만 원 이상이면 무기장가산세(20%)가 부과되고, 사업자가 업종 평균수준보다 더 많이 경비를 지출했다면 추계신고산출세액이 장부작성산출세액보다 더 많이 나오게 됩니다. 또 간편장부대상자가 복식부기로 신고한다면 100만 원을 한도로 기장세액공제(산출세액의 20%)를 받아 세금이 절감되는 효과가 있습니다. 만약 3가지 금액 효과가 세무수수료보다 크다면 세무대리를 맡기는 것이 나을 수가 있습니다.

정리하면 복식부기신고가 늘 유리하고 추계신고가 항상 불리한 것은 아닙니다. 사업자의 상황에 따라 부담세액의 차이는 달라집니다. 신고 전 어떤 방향으로 신고를 할지 미리 결정하는 게 좋습니다. 다.

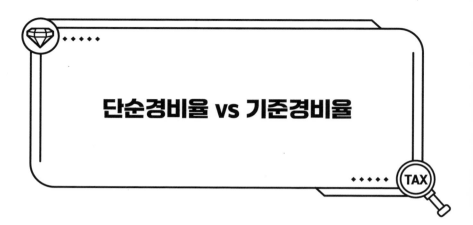

# 단순경비율 vs 기준경비율

실무적으로 초보 사업자는 아직 모든 것이 서툴 수밖에 없습니다. 가계부 수준의 간편장부도 작성하기가 어려울 수 있습니다. 세법에서는 이런 사업자들을 위해 추계신고라는 제도를 만들었습니다. 다시 복습하자면 추계신고란 수입금액만 있고 장부를 작성하지 않아 비용을 추정해서 신고하는 것을 말하는 세무용어입니다. 이런 추계신고는 단순경비율제도와 기준경비율제도로 다시 나눠집니다.

**세알못** 장부를 작성하지 않아도 신고할 수 있다니, 매우 간편할 것 같습니다. 그럼 단순경비율을 적용받는 대상자의 기준은 어떻게 되나요?

**택스코디** 업종별 단순경비율 대상자의 구분은 다음 표와 같습니다.

세금을 알면 돈이 보인다

| 업종 | 계속사업자<br>(직전연도 기준) | 신규사업자<br>(해당연도 기준) |
|---|---|---|
| 도매 및 소매업, 부동산매매업, 농업, 임업 및 어업, 광업 등 | 6,000만 원 미만 | 3억 원 미만 |
| 제조업, 숙박업, 음식점업, 출판, 영상, 방송통신 및 정보서비스업, 전기, 가스, 중기 및 수도사업, 하수, 폐기물처리, 원료재생 및 환경복원업, 건설업, 운수업, 금융 및 보험업, 상품중개업, 욕탕업 | 3,600만 원 미만 | 1억 5천만 원 미만 |
| 부동산임대업, 수리 및 기타 개인 서비스업, 부동산 관련 서비스업, 전문, 과학, 기술서비스업, 사업시설관리, 사업지원서비스업, 교육서비스업, 보건 및 사회복지서비스업, 예술, 스포츠 및 여가 관련 서비스업, 협회 및 단체 등 | 2,400만 원 미만 | 7천 5백만 원 미만 |

참고로 신규사업자는 모두 간편장부대상자에 해당합니다. 위 표의 금액을 기준으로 추계신고 시 단순경비율, 기준경비율로 신고할 수 있습니다.

그러나 의사, 약사, 변호사, 변리사, 세무사 등 전문직 사업자들은 수입금액과 무관하게 단순경비율을 적용받을 수 없습니다.

단순경비율은 업종마다 차이가 있습니다. 국세청 홈택스에서 다음 경로를 통해 확인 가능합니다.


홈택스 로그인 → 조회/발급 → 기타조회 → 기준·단순경비율(업종코드) → 사업장이 자가이면 자가율, 임차라면 일반율 사용

**세알못**    SNS마켓 사업자입니다. 2023년 수입금액이 5,000만 원입니다. 단순경비율(86%) 적용 시 사업소득금액은 어떻게 계산하나요?

**택스코디**    다음과 같이 계산합니다.

---

- 소득금액 = 수입금액 - (수입금액 × 단순경비율)

  = 5,000만 원 - (5,000만 원 × 86%) = 700만 원

---

세알못 씨처럼 추계신고 단순경비율 대상자라면, 장부를 작성하지 않아도 경비 4,300만 원 (5,000만 원 × 86%)을 인정받을 수 있습니다.

**세알못**    간편장부대상자이며 한식당을 운영하고 있습니다. 2023년 수입금액이 1억 원이고, 적격증빙을 갖춘 주요경비가 3,000만 원입니다. 기준경비율을 적용할 때 소득금액 계산은 어떻게 하나요?

**택스코디**    기준경비율로 추계신고를 하면 다음 두 가지 방법으로 계산해서 적은 금액을 소득금액으로 합니다. (한식당의 단순경비율은 88.6%, 기준경비율은 9.7%)

---

- 소득금액 = 수입금액 - 주요경비 - 기타경비(수입금액 × 기준경비율)
- 소득금액 = [수입금액 - (수입금액 × 단순경비율)] × 배율(간편장부대상자 2.8배, 복식부기의무자 3.4배)

---

- 소득금액 = 수입금액 - 주요경비 - 기타경비 (수입금액 × 기준경비율)

  = 1억 원 - 3,000만 원 - (1억 원 × 9.7%) = 6,030만 원
- 소득금액 = [수입금액 - (수입금액 × 단순경비율)] × 배율 = [1억 원 -

  (1억 원 × 88.6%)] × 2.8배 = 3,192만 원

따라서 둘 중 적은 금액인 3,192만 원이 소득금액입니다.

한식당의 경우 단순경비율은 88.6%이지만, 기준경비율은 9.7%밖에
되지 않습니다. 비용을 조금 더 인정받아 세금을 줄이고자 한다면 주요
경비 (재료비, 인건비, 임차료)에 대해 적격증빙을 챙겨야 합니다.

대부분 기준경비율 대상자는 추계신고를 하면 경비 인정 금액이 낮
고, 무기장가산세를 추가로 내야 하니, 간편장부를 작성하는 편히 훨씬
유리합니다.

# 모두채움신고서를 받았다면, 이것 꼭 살펴보자

종합소득세는 납세자가 스스로 자진 신고해야 하는 세금입니다. 최근에는 행정서비스 차원에서 국세청이 모두채움신고서를 발송해주기도 합니다. 모두채움신고서는 신고서류가 거의 다 채워져 있으므로, 납세자가 그대로 제출만 해도 신고가 끝납니다.

**세알못** 모두채움신고서 그대로 신고하면, 국세청이 자칫 실수하지는 않았을지 걱정되는 부분도 있습니다. 세금을 걷는 기관이다 보니 이대로 냈다가는 절세할 수 있는 포인트를 놓치는 건 아닐까 하는 걱정도 되는 것이 사실이고요.

**택스코디** 5월 종합소득세 신고안내문을 받은 납세자 중 적지 않은 사람이 모두채움신고서를 함께 받았을 것입니다. 간편장부대상자

중에서도 장부 없이 신고하는 경우 국세청이 정한 단순경비율을 적용받는 사업자들(F, G 유형)과 주택임대사업자 중 분리과세를 선택한 사업자(V 유형) 등이 모두채움신고서를 받게 됩니다.

만약 주택임대사업자라면 모두채움신고서를 받았더라도 수입금액 확인이 꼭 필요합니다. 주택임대사업자는 부가가치세 면세사업이라서 사업장현황신고를 하게 돼 있습니다. 임대수익이 있는 경우 함께 신고하게 됩니다. 그런데 전세보증금을 간주임대료로 환산하지 않거나 임대수익 일부를 빠뜨릴 수 있기 때문입니다.

과세당국은 사업자가 신고한 그대로 신고서를 채워주기 때문에 본인이 잘 못 신고한 것이 있다면 모두채움신고서 그대로 신고하지 말고, 따로 신고서를 작성해서 신고해야 하겠습니다.

그리고 프리랜서와 같이 다른 사업자에게서 수입금액을 지급 받았다면 처음 일했던 곳에서 지급명세서를 수정하지 않았는지를 꼭 확인해 봐야 합니다.

참고로 사업자가 프리랜서 등에게 사업소득 등을 지급하는 경우에는 지급명세서를 국세청에 신고하게 됩니다. 그 금액을 수정하는 경우가 종종 있습니다. 1,000만 원을 지급했는데, 2,000만 원을 지급한 것으로 잘 못 신고해서 나중에 지급명세서를 수정하는 것입니다.

문제는 뒤늦게 수정신고를 하게 되면, 국세청 전산에 반영이 되지 않아서 모두채움신고서에는 수정 이전의 금액이 적혀있을 수 있습니다.

실제 수입금액과 지급명세서상의 금액이 달라지면 안 되니까 이 부분을 확인해야 합니다.

마지막으로 부양가족공제도 모두채움신고서에서 꼭 확인해야 할 부분입니다. 장부를 쓰지 않은 단순경비율 적용 사업자의 경우 국세청은 그 부양가족이 누구인지, 부양가족이 소득금액이 있는지 등에 대한 정보가 없으므로 1인 기준으로 공제를 적용합니다. 따라서 부양가족공제대상자가 있다면 스스로 확인하고 추가해서 넣어줘야 합니다.

# 이런 것도 비용처리가
# 가능한가요?

| 문제 1 | SNS 마켓을 하는데, 사업자등록 주소가 집으로 되어있습니다. 부가가치세 신고 시 공과금 매입세액공제가 가능한가요? |
|---|---|
| 문제 2 | 작은 공장을 운영하고 있습니다. 한 해를 마감하는 12월이라 현재까지의 매출과 비용을 확인해 보니, 4억 원의 수익이 발생했고 3억 원의 비용이 들어갔습니다. 그럼 이익 1억 원에 대한 세금을 내야 합니다. 그럼 내년에 매입하기로 한 기계장치(1억 원)를 지금 사면 이익이 0원이 되므로 낼 세금이 없게 되나요? |
| 문제 3 | 식당에서 사용하는 설비를 500만 원에 매입했습니다. 감가상각비 계산은 어떻게 해야 하나요? |
| 문제 4 | 식당 화재보험도 비용처리가 가능한가요? |

이번 장에서는 위에서 말한 문제들에 대한 답을 찾아가는 과정을 통해 '감가상각 개념', '정액법과 정률법을 이용한 감가상각 계산 비교' 그리고 '각종 비용처리 방법' 등을 스스로 터득해 종합소득세를 줄일 수 있을 것입니다.

# 공과금 비용처리는
# 어떻게 하나요?

**TAX**

**세알못** 식당을 운영하고 있습니다. 사업장 전기 요금도 부가가치세 매입세액공제가 가능하다고 알고 있습니다. 사업자 명의전환 신청을 하지 않고 전기 요금을 대표자 본인 명의의 신용카드로 결제하는데, 부가가치세 매입세액공제가 가능한가요?

**택스코디** 전기 요금 같은 사업장 공과금은 사업자로 명의전환신청을 하면 매달 전자세금계산서가 발급되므로 사업자 명의전환을 하는 것이 좋습니다.

하지만 세알못 씨처럼 대표자 명의 신용카드로 결제해도 세금계산서와 마찬가지로 적격증빙이므로 부가가치세 매입세액공제가 가능합니다. 그리고 세법에서는 사업을 위해서 휴대폰을 사용할 때 그 통신비를

세금을 알면 돈이 보인다

부가가치세 및 종합소득세 비용으로 인정해주고 있습니다. 그런데 이 사실을 여전히 많은 사업자가 모르고 있습니다. 휴대폰 요금을 세금 처리하는 방법은 간단합니다. 사업용 카드를 사용해서 통신요금을 납부해도 되고, 계좌이체로 내는 사업자는 각 통신사 고객센터나 공식대리점에 사업자 명의로 전환 신청해 세금계산서 발행을 요청하면 됩니다.

**세알못** SNS 마켓을 하는데, 사업자등록 주소가 집으로 되어있습니다. 부가가치세 신고 시 공과금 매입세액공제가 가능한가요?

**택스코디** SNS 마켓을 시작하는 대부분 사업자가 처음에는 집 주소로 시작할 때가 많은데, 이런 경우라면 전기세는 매입세액공제가 불가능합니다. 원칙적으로 전기 요금도 컴퓨터사용분에 한해선 매입세액공제가 가능하지만, 이를 현실적으로 구분하기가 불가능하니, 전기 요금은 매입세액공제를 받을 수 없습니다. 하지만, 인터넷 사용료, 대표자 본인 명의 휴대폰 요금은 매입세액공제가 가능합니다.

**세알못** 그럼 직원의 휴대폰 요금을 회사에서 대납해주는데, 세금처리는 어떻게 하나요?

**택스코디** 이때는 직원의 급여로 구분해야 합니다. 다시 말해 대납한 직원의 휴대폰 요금은 급여에 포함하므로 인건비에 속합니다. 그러므로 부가가치세 신고 시 매입세액공제는 받을 수 없습니다. 하지만 종합소득세 신고 시 필요경비 처리는 가능합니다.

# 감가상각 헷갈려요

**세알못** 작은 공장을 운영하고 있습니다. 한 해를 마감하는 12월이라 현재까지의 매출과 비용을 확인해 보니, 4억 원의 수익이 발생했고 3억 원의 비용이 들어갔습니다. 그럼 이익 1억 원에 대한 세금을 내야 합니다. 그럼 내년에 매입하기로 한 기계장치(1억 원)를 지금 사면 이익이 0원이 되므로 낼 세금이 없게 되나요?

**택스코디** 불행히도 아닙니다. 세법에서는 고가의 기계장치 등을 고정자산으로 분류해 한 번에 비용처리를 하지 못하게 하였습니다. 따라서 세알못 씨도 기계장치 비용 1억 원을 한 번에 비용처리할 수가 없습니다.

고정자산을 매입할 때 들어간 비용은 일정 기간 나눠 감가상각해 비용

세금을 알면 돈이 보인다

처리가 됩니다. 예를 들어 기계장치 비용 1억 원을 5년 동안 정액법으로 감가상각을 하게 되면 매년 2,000만 원씩 비용처리가 가능한 것입니다.

**세알못**  세법에서는 왜 고정자산을 한 번에 비용으로 처리할 수 없게 하나요?

**택스코디**  고가의 기계장치를 매입하면, 매입한 그해에 기계장치를 사용하고 버리는 것이 아니기 때문입니다. 사업에 사용하려고 매입한 자동차도 마찬가지 이유로 고정자산으로 분류됩니다. 이렇게 자산을 몇 년에 나누어 비용 처리하는 것을 '감가상각'이라고 합니다.

그리고 이 감가상각할 수 있는 대상 자산을 고정자산이라고 말합니다. 다시 말해 감가상각이란 고정자산을 매입해, 매입 당시에는 자산으로 잡고 매년 조금씩 비용으로 처리하면서 애초에 계상했던 자산 금액을 감소시키는 작업을 한다고 이해하면 됩니다.

**세알못**  그럼 오랜 기간 사용하는 물건은 모두 고정자산으로 감가상각 처리해야 하나요?

**택스코디**  세법에서는 고정자산으로 처리할 수 없는 것들을 열거해 놓았습니다. 예를 들어 100만 원 이하 소액자산은 실제 사용 가능한 연수에 상관없이 비용으로 일시에 처리하는 '즉시상각의제'라는 법률로 정해 놓았습니다. 즉, 자산으로 볼 수 있지만, 구매하는 즉시 일시에 감가상각을 다 한 것으로 보는 것입니다. 취득 시점, 보유 시점, 폐기 시점으로 살펴보면 다음과 같습니다.

- **취득 시점:** 자산을 취득하게 되면 감가상각을 통해서 비용으로 인정을 받게 됩니다. 그러나 다음 자산의 경우 취득 시점부터 비용으로 인정됩니다. (사무용품비나, 소모품비로 처리해도 무방합니다,)

| | |
|---|---|
| 취득가액이 거래 건 별로 100만 원 이하의 자산 | • 그 고유업무의 성질상 대량으로 보유하는 자산<br>• 사업의 개시 또는 확장을 위하여 취득한 자산 |
| 어업에 사용되는 어구 | 어선용구를 포함 |
| 영화필름, 공구, 가구, 전기기구, 가스기기, 가정용기구 · 비품, 시계, 시험기기, 측정기기 및 간판 | |
| 대여사업용 비디오테이프 및 음악용 콤팩트디스크 | 개별자산의 취득가액이 30만 원 미만인 것 |
| 전화기(휴대용 전화기 포함) 및 개인용 컴퓨터 | 그 주변기기를 포함 |

- **보유 시점:** 수선비 같은 경우가 많습니다. 다음 사항의 경우 수익적 지출로 처리해도 무방합니다.

| |
|---|
| 개별자산별로 수선비로 지출한 금액이 600만 원 미만인 경우 |
| 개별자산별로 수선비로 지출한 금액이 직전 사업연도 종료일 현재 재무상태표 상의 자산가액(취득가액에서 감가상각누계액상당액을 차감한 금액을 말함)의 100분의 5에 미달하는 경우 |
| 3년 미만의 기간마다 주기적인 수선을 위하여 지출하는 경우 |

세금을 알면 돈이 보인다

- **폐기 시점:** 다음 사항의 경우 자산의 장부가액에서 1천 원을 공제한 금액 (비망기록)을 폐기일이 속하는 사업연도의 손금에 산입할 수 있습니다.

---

시설의 개체 또는 기술의 낙후로 인하여 생산설비 일부를 폐기한 경우

---

사업의 폐지 또는 사업장의 이전으로 임대차계약에 따라 임차한 사업장의 원상회복을 위하여 시설물을 철거하는 경우

---

# 감가상각비의 계산 비교, 정액법 VS 정률법

유형의 자산은 시간이 흐름에 따라 효용 가치가 계속해서 감소합니다. 이 감소분을 측정하여 비용으로 처리하기 위해 자산의 내용연수에 걸쳐 감가상각비를 체계적으로 측정하기 위해 정액법과 정률법이 사용됩니다. 다음과 같습니다.

| 정액법 | 내용연수에 따라 균등하게 감가상각비를 배분하는 방법 | 취득금액 ÷ 신고 내용연수 |
|--------|-----------------------------------------|----------------------|
| 정률법 | 사업 초기에 감가상각비가 많이 계상되도록 하는 방법 | 미상각 잔액 × 상각률 |

위 표에서 미상각 잔액이란 '취득가액 - 감가상각 누계액'을 말하고, 상각률은 4년 0.528, 5년 0.451, 6년 0.394입니다.

세금을 알면 돈이 보인다

기업이 당해 사업연도에 감가상각비를 비용으로 인정받기를 원하면 장부에 계상하면 됩니다. 결손이 발생해 추후 계상하기를 원하면 나중에 장부에 계상할 수도 있습니다.

　　감가상각비는 임의 계상이 가능하기에 세법에서는 과세 형평을 이유로 자산의 종류에 따라 상각 방법을 달리 정하고, 내용연수의 범위를 정하고, 상각 한도액을 정하여 그 범위 안에서만 비용으로 인정하는 것들이 있습니다.

　　예를 들어 건물의 경우에는 정률법을 사용할 수 없고 정액법으로만 감가상각해야 합니다. 본인 소유의 건물이라면 내용연수를 짧게 30년으로 정하고 정액법을 사용하면 됩니다. 건물 외 나머지 자산은 정액법과 정률법 중 하나를 선택할 수 있습니다.

　　정률법을 선택하고 내용연수도 5년이 아니라 4년으로 단축하면 초기에 감가상각비를 많이 계상할 수 있습니다.

**세알못**　식당에서 사용하는 설비를 1,000만 원에 매입했습니다. 감가상각비 계산은 어떻게 해야 하나요?

**택스코디**　기준 연수는 5년이나 조기 상각을 위해 내용연수를 4년으로 단축해 정액법과 정률법으로 계산해 봅시다.

- 정액법으로 계산한 감가상각비 = 취득금액 ÷ 신고 내용연수
  = 1,000만 원 ÷ 4년 = 250만 원

정액법으로 감가상각을 하면 매년 250만 원씩 4년간 같은 금액으로

감가상각 됩니다.

- 정률법으로 계산한 감가상각비 = 미상각 잔액 × 상각률

  (미상각 잔액 = 취득가액 - 감가상각 누계액, 정률법 상각률 : 4년 0.528, 5년 0.451, 6년 0.394)

| 1차 년도 | 10,000,000원 × 52.8% | 5,280,000원 |
|---|---|---|
| 2차 년도 | (10,000,000원 - 5,280,000원) × 52.8% | 2,492,160원 |
| 3차 년도 | (10,000,000원 - 7,772,160원) × 52.8% | 1,176,300원 |
| 4차 년도 | 10,000,000원 - 8,948,460원 | 1,051,540원 |

어느 방식으로 계산을 하든 4년 동안 감가상각의 비용의 합은 같습니다. 초기에 감가상각비를 많이 계상하려면 정률법이 유리합니다.

세금을 알면 돈이 보인다

# 식당 화재보험도
# 비용처리가 가능한가요?

**TAX**

**세알못**    식당 화재보험도 비용처리가 가능한가요?

**택스코디**   네. 가능합니다. 다음은 종합소득세 신고 시 비용처리 가능한
                  보험료 항목입니다.

- 사업장과 관련해 가입한 화재보험
- 업무에 사용한 자동차보험
- 지역가입자로 낸 사업주 본인의 건강보험료
- 직원 4대보험과 국민연금 중 사업주 부담분

**세알못**    회사에서 운영하는 체험단 중 우수체험단을 선별해 경품을 지
               급하려 합니다. 이때 세금처리는 어떻게 해야 하나요?

**택스코디** 사업을 위해 비 사업자에게 경품을 지급하면 대개 경품만 지급하고 별다른 회계처리를 하지 않는 회사가 많습니다. 하지만 이때에도 처리 규정이 존재하고, 그 규정에 따라 처리하지 않는다면 가산세가 부과됩니다.

경품은 원천세와 부가가치세, 종합소득세를 구분해 각각 어떻게 처리하는지를 알아야 합니다. 먼저 원천세부터 살펴봅시다. 경품 추첨 시 '제세공과금 본인 부담'이라는 문구를 본 적 있을 겁니다. 경품은 소득세법상 기타소득에 해당하므로 지급할 때 22%의 세율로 원천징수를 해야 합니다. 바로 여기서 나오는 22%가 제세공과금입니다. 이렇게 원천징수한 세금은 다음 달 10일까지 원천징수 이행상황 신고서를 제출해야 하고, 다음연도 2월 말까지 지급명세서를 제출해야 합니다.

**세알못** 모든 경품에 대해 반드시 원천징수 해야 하나요?

**택스코디** 경품과 같은 기타소득은 지급 금액이 5만 원 미만이면 비과세하므로 경품 시가가 5만 원 미만일 때는 원천징수 하지 않아도 됩니다.

다음은 부가가치세를 살펴봅시다. 처음 이 경품을 매입할 때 매입세액공제를 받았는지 따져 봐야 합니다. 만약 매입세액공제를 받아서 매입했거나 새로운 제품을 제조해서 경품으로 제공했다면, 제공 당시 이는 사업상 증여라는 간주공급 항목으로, 시가만큼 기타매출로 포함해 과세합니다. 이와 반대로 매입 시 매입세액공제를 받지 않았다면 기타매출에 포함하지 않아도 됩니다.

마지막 종합소득세 신고를 할 때는 제공한 경품은 광고선전비라는 계정으로 비용 처리하면 됩니다.

**세알못** 카톡으로 받은 모바일 청첩장도 비용으로 처리할 수 있나요?

**택스코디** 문자나 카톡으로 온 청첩장 또는 부고장도 캡처해 놓으면 비용처리가 가능합니다.

사업을 하다 보면 결혼이나 부고 등 거래처의 다양한 경조사에 참석해야 할 때가 있습니다. 경조사에 참여하면 축의금이나 조의금을 내야 합니다. 이 금액은 접대비라는 계정으로 비용처리가 가능합니다.
각종 경조사에 참석하면서 내는 축의금 등의 금액은 건당 20만 원을 한도로 접대비로 인정됩니다.

# 10

공동명의로 할까요?
직원으로 채용할까요?

| | |
|---|---|
| 문제 1 | 과세표준이 6천만 원일 때, 종합소득세는 얼마나 나오나요? |
| 문제 2 | 도매업을 하고 있습니다. 수익은 4배가 늘었는데, 세금은 8배 이상 늘어서 오히려 수입이 줄었습니다. 모든 걸 세무사에게 맡기고 세금 신경은 쓰지도 않았는데, 속이 상합니다. |
| 문제 3 | 전업주부입니다. 남편이 퇴사하고 식당을 차리려는데, 같이 하자고 합니다. 공동명의로 신청하면 세금이 줄어든다는 건 이해했는데, 작은 가게라 매출이 크게 발생하진 않을 것 같습니다. 저도 공동사업자로 해야 하나요? |

이번 장에서는 위에서 말한 문제들에 대한 답을 찾아가는 과정을 통해 '누진세율 이해', '소득 분산을 통한 소득세 비교' 그리고 '가족 식당 절세법' 등을 스스로 터득해 종합소득세를 줄일 수 있을 것입니다.

# 누진세율,
# 개념부터 이해하자

**A 사장**    나는 작년 매출이 5억인데, 종합소득세를 2,000만 원가량 냈어.

**B 사장**    나도 5억 정도 되는데, 난 5,000만 원 넘게 냈어.

종합소득세를 적게 낸 A 사장이 자신이 맡긴 세무대리인의 능력을 칭찬합니다. 그러자 B 사장은 A 사장보고 그 세무대리인 좀 소개해달라고 합니다. 정말 웃픈 현실입니다.

소득세는 남은 돈, 즉 이익에 대해 내는 세금입니다. 다시 말해 매출이 같은 사업자라도 순이익이 다르면 세금이 달라집니다. 이 간단한 사실을 두 사장은 모르고 있었습니다.

세금을 알면 돈이 보인다

둘 다 매출은 5억 원이라 같더라도 A 사장은 과세표준이 1억 원이었고, B 사장은 과세표준이 2억 원이었습니다.

그런 이유로 A 사장은 1,956만 원 (1억 원 × 35% - 1,544만 원)의 종합소득세를 냈고, B 사장은 5,606만 원 (2억 원 × 38% - 1,994만 원)의 종합소득세를 냈습니다.

여기서 잠깐! 눈여겨봐야 할 대목은 과세표준은 2배가 차이가 나는데, 세금은 2배가 넘게 차이가 난다는 것입니다. 그 이유는 종합소득세는 누진세율 구조를 취하고 있기 때문입니다.

부가가치세는 10%의 단일세율을 적용합니다. 그러나, 종합소득세는 과세표준의 크기에 따라 6%~45%의 세율이 적용됩니다. 과세표준이 커질수록 세율도 커지는 구조입니다. 다음 표를 참고합시다.

▶ **종합소득세 누진공제표**

| 과세표준 | 세율 | 누진공제액 |
|---|---|---|
| 1,400만 원 이하 | 6% | |
| 1,400만 원~5,000만 원 이하 | 15% | 126만 원 |
| 5,000만 원~8,800만 원 이하 | 24% | 576만 원 |
| 8,800만 원~1억 5천만 원 이하 | 35% | 1,544만 원 |
| 1억 5천만 원~3억 원 이하 | 38% | 1,994만 원 |
| 3억 원~5억 원 이하 | 40% | 2,594만 원 |
| 5억 원~10억 원 이하 | 42% | 3,594만 원 |
| 10억 원 초과 | 45% | 6,594만 원 |

**세알못** 과세표준이 6천만 원일 때, 종합소득세는 얼마나 나오나요?

**택스코디** 다음 두 가지 방식으로 계산 가능합니다. 1번, 2번 어떤 방식으로 계산해도 결과값은 같습니다. 실무적으로는 2번 계산법을 많이 사용합니다.

| 1번 | 구간별 합산 | 1,400만 원 × 6% + (5,000만 원 - 1,400만 원) × 15% + (6,000만 원 - 5,000만 원) × 24% | 864만 원 |
|---|---|---|---|
| 2번 | 누진공제표 | 6,000만 원 × 24% - 576만 원(누진공제액) | 864만 원 |

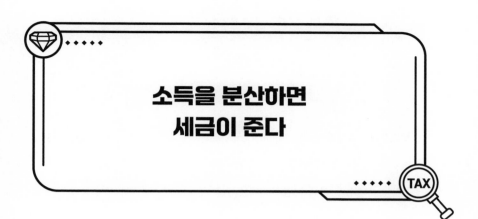

# 소득을 분산하면
# 세금이 준다

종합소득세 계산 구조는 개인이 1년 동안 번 돈을 모두 합하여 세율 구간에 따라 과세표준이 커질수록 더 많은 세금을 내야 하는 누진 구조입니다. 따라서 앞장에서 확인한 것처럼 소득이 늘어난 비율보다 세금이 커지는 비율이 훨씬 높습니다.

**세알못**　도매업을 하고 있습니다. 수익은 4배가 늘었는데, 세금은 8배 이상 늘어서 오히려 수입이 줄었습니다. 모든 걸 세무사에게 맡기고 세금 신경은 쓰지도 않았는데, 속이 상합니다. 2022년, 2023년 수입금액과 필요경비는 다음과 같습니다.

| 년도 | 수입금액 | 필요경비 |
|------|---------|---------|
| 2022 | 사업소득 5억 원 | 4억 4천만 원 |
| 2023 | 사업소득 6억 원 + 부동산 임대소득 1억 원 | 4억 5천만 원 |

**택스코디** 계속해서 강조하지만, 사업자가 세금에 대해 알아야 하고, 증
빙관리에 신경을 써야 합니다. 그러면 세금은 무조건 줄어듭니
다. 그럼 수익은 4배가 늘었는데, 세금은 왜 8배 이상 늘었는가
한번 살펴봅시다.

소득세는 다음과 같은 구조로 계산됩니다. (계산 편의상 소득공제와 세액
공제는 없다고 가정하여 종합소득세를 간단히 계산해 봅시다.)

2022년도 수입금액은 5억 원이었고, 필요경비는 4억4천만 원이므로,
소득금액은 다음과 같습니다.

- 소득금액 = 수입금액 - 필요경비 = 5억 원 - 4억 4천만 원
= 6천만 원
- 종합소득세 = 과세표준 × 세율 = 6천만 원 × 24% - 576만 원
(누진공제) = 864만 원

2023년에 매출이 상승하여 6억 원이 되었고, 전년도에 매입한 부동
산의 임대소득이 1억 원이 추가로 발생했습니다. 필요경비는 전년도보
다 천만 원이 늘어 4억 5천만 원입니다. 소득금액은 다음과 같습니다.

세금을 알면 돈이 보인다

- 소득금액 = 수입금액 - 필요경비 = 7억 원 (사업소득 6억 원 + 부동산임대소득 1억 원) - 4억 5천만 원 = 2억 5천만 원
- 종합소득세 = 과세표준 × 세율 = 2억 5천만 원 × 38% - 1,994만 원 (누진공제) = 7,506만 원

소득금액은 4배가 커졌는데, 종합소득세가 8배 이상 늘어난 이유는 바로 누진세율(24% → 38%)에 있습니다.

만약 부동산 임대소득 1억 원이 자녀 명의라면 어떻게 될까요? 다시 종합소득세를 계산해봅시다.

### ● 세알못 씨 종합소득세
- 소득금액 = 수입금액 - 필요경비 = 6억 원 - 4억 5천만 원 = 1억 5천만 원
- 종합소득세 = 과세표준 × 세율 = 1억 5천만 원 × 35% - 1,544만 원 = 3,706만 원

### ● 자녀 종합소득세
- 소득금액 = 수입금액 - 필요경비 = 1억 원 - 0원 = 1억 원
- 종합소득세 = 과세표준 × 세율 = 1억 원 × 35% - 1,544만 원 = 1,956만 원

세알못 씨와 자녀의 소득세를 더하면 5,662만 원입니다. 본인 명의로 계산한 소득세와 비교해보면 무려 1,844만 원 (7,506만 원 - 5,662만 원) 차

이가 발생합니다.

정리하면 종합소득세는 누진세율 구조이므로 적정한 비용처리 및 사전 소득 분산 등을 통해서 관리해야 합니다. 그렇지 않으면 앞으로 남고 뒤로 까질 수가 있습니다.

# 공동명의 vs 직원채용,
# 무엇이 유리할까?

**세알못** 전업주부입니다. 남편이 퇴사하고 식당을 차리려는데, 같이 일
하자고 합니다. 공동명의로 사업자를 내면 세금이 줄어든다는
건 이해했는데, 작은 가게라 매출이 크게 발생하진 않을 것 같
습니다. 저도 공동사업자로 해야 하나요?

**택스코디** 꼭 공동명의로 해야 하는 것은 아닙니다. 공동명의로 사업을
하는 이유는 앞 장에서 본 것처럼 소득을 적절하게 분해하기
위해서입니다. 남편과 아내 두 명이 공동으로 사업을 하면 사
업소득금액 (수입금액 - 필요경비)을 계산한 다음 손익분배 비
율만큼 배분합니다. 따라서 공동명의로 사업을 하면 본인 소득
을 동업자의 손익분배 비율 만큼 낮출 수 있으므로 절세 효과
를 볼 수 있습니다.

예를 들어 사업장의 소득이 2,800만 원이라고 가정합시다. (계산 편의상 소득공제는 없다고 가정) 만약 남편 단독명의 사업장이라면 과세표준은 그대로 2,800만 원이므로 15% 세율을 적용받아 남편이 내야 할 소득세는 294만 원 (1,400만 원 × 6% + 1,400만 원 × 15%)입니다. 하지만 손익분배 비율이 50%인 부부 공동명의 사업장이라면 분배받는 소득 2,800만 원에 50%를 곱한 1,400만 원이 되고, 과세표준 또한 그대로 1,400만 원이므로 6% 세율을 적용받아 남편이 내야 할 소득세는 84만 원 (1,400만 원 × 6%)으로 계산됩니다. 따라서 부부 합산 소득세는 168만 원 (84만 원 × 2명)이므로 단독사업장일 때와 비교해 126만 원가량 세금이 줄어듭니다.

공동명의 사업장이 아니라도 절세하는 방법이 있습니다. 직원으로 채용하는 것입니다. 배우자를 직원으로 채용하면 배우자는 사업소득이 아닌 근로소득으로 과세합니다. 같은 금액의 소득이라면 일반적으로 근로소득일 때가 사업소득으로 적용받을 때보다 세금이 적게 나옵니다.

그리고 다른 직원을 고용하지 않는다면, 공동명의 사업일 때는 부부 모두 지역가입자로 건강보험을 내야 하는데, 배우자를 직원으로 고용하면 부부 모두 직장가입자로 적용받게 됩니다. 참고로 대표자만 있는 1인 사업장은 지역가입자를 적용받지만, 직원이 있는 대표자는 직원과 같이 직장가입자로 적용받을 수 있습니다. (지역가입자의 건강보험은 보험료를 산정하는 기준으로 소득 외에 재산을 같이 보지만, 직장가입자는 소득만 보기 때문에 보험료가 상대적으로 적습니다.)

정리하면 공동명의 사업이든 직원으로 채용하든 장단점은 분명히 존재합니다. 중요한 것은 판단의 기준으로 소득세 절세 효과만 보면 안 된다는 것입니다.

세금을 알면 돈이 보인다

# 권말부록

사장님 세금 고민에
답을 제시하다

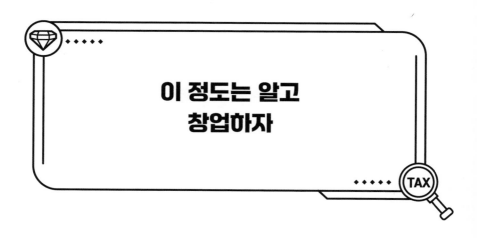

# 이 정도는 알고 창업하자

제일 먼저 기억해야 하는 점은 세법상 의무를 제때 실행해야 한다는 것입니다. 다시 말해 사업자등록 신청 기한은 사업개시일로부터 20일 이내에 등록 신청을 해야 하는데, 그렇지 않으면 미등록가산세가 부과됩니다. 무신고가산세는 20%, 과소신고가산세는 10%입니다. 등록 시기를 놓치면 이렇게 사업 초기부터 불필요한 지출이 생길 수 있습니다.

앞서 말한 것처럼 통상 신규 창업자라면 간이과세자가 유리합니다. 1년에 2번 신고해야 하는 일반 과세자와 다르게 부가가치세 신고를 1년에 한 번만 신고하면 되고, 직전 과세기간 연 매출 4,800만 원 미만일 경우 부가가치세 납부도 면제되기 때문입니다. 다만 초기 투자금이 예상하는 매출보다 많이 발생할 것 같으면, 일반 과세자로 하는 것이 유리할

세금을 알면 돈이 보인다

수 있습니다. 간이 과세자는 부가가치세 환급을 받을 수 없기 때문입니다.

초보 사업자가 알아야 할 세금은 크게 두 가지입니다. 부가가치세와 종합소득세입니다. 그런데 직원을 고용하게 되면 내야 하는 세금이 두 가지 더 생깁니다. 바로 원천징수세 및 4대 보험료입니다. 4대보험료는 엄밀히 세금은 아니더라도 매월 발생하므로 간과해서는 안 됩니다. 부가가치세는 1월, 종합소득세는 5월에 신고해야 합니다. 인건비 신고 및 원천징수세 납부도 매달 해야 합니다. 4대 보험료도 매달 신고하고 납부해야 합니다.

창업하자마자 바로 이익을 내지 못할 거 같은데 하는 경우가 많습니다. 이때는 이월결손금 공제를 활용합시다. 이 제도는 장부에 손실을 기록하고 이후 이익이 발생했을 때 장부에 기록해뒀던 손실을 반영해 세금을 줄일 수 있는 제도입니다. 2009년부터 2020년까지 발생한 결손금은 10년, 2021년 이후 발생한 결손금은 15년간 공제받을 수 있습니다.

또 노란우산공제와 IRP(개인형 퇴직연금)에 가입하는 것이 좋습니다. IRP는 연간 900만 원까지 16.5% 세액공제가 되고, 노란우산공제도 500만 원까지 소득공제를 받을 수 있기 때문입니다.

'창업중소기업 세액 감면제도'도 눈여겨봐야 합니다. 이 제도는 '조세특례제한법 제6조'에 따른 것으로 지역과 업종 등 몇 가지 기준을 충족하면 5년 동안 소득세를 감면받을 수 있습니다. 만 15세 이상 34세 이하 청년 창업자라면 소득세를 5년간 한 푼도 내지 않을 수 있습니다. 군대에 다녀온 창업자의 경우 복무 기간에 따라 최대 6년까지 더 해 청년으로 인정해줍니다. 감면받을 수 있는 업종은 광업, 제조업, 건설업, 통신판매업, 음식점업, 정보통신업, 미용업 등입니다.

또 중요한 조건이 '지역'입니다. 이 제도가 청년들의 창업뿐만 아니라 소외된 지역을 활성화하려는 목적도 있기 때문입니다. 과밀억제권역이 아닌 곳에서 창업해야 합니다. 수도권에서 창업할 때는 유의해야 합니다. 우리나라는 수도권을 과밀억제권역, 성장관리권역, 자연보전권역 3구역으로 나눕니다. 같은 '시'라고 하더라도 군이나 동에 따라 다릅니다. 예컨대 인천시 강화군은 성장관리권역이지만 송도는 과밀억제권역입니다.

이처럼 '창업중소기업 세액 감면제도'에 따라 나이와 지역, 업종이 부합할 경우 한도가 없이 5년 동안 모든 세액을 감면받을 수 있습니다. 반면 청년이면서 수도권과밀억제권역 내 지역에 창업하거나 청년이 아닌 창업자가 수도권 과밀억제권역 외 지역에 창업하는 경우는 50% 감면 대상인데 이 경우는 한도가 있습니다. 50% 감면의 경우 최저한세 적용을 받아 50% 세액감면을 전부 받지 못하는 때도 있습니다

세금을 알면 돈이 보인다

# 매출이 커지면 법인으로
# 전환해야 하나?

**TAX**

**세알못**  개인사업자보다 법인사업자가 세율이 낮아 소득세를 적게 낸다고 들었는데, 얼마나 적게 내는 건가요?

**택스코디**  개인사업자의 종합소득세와 법인사업자의 법인세를 비교해 봅시다.

구간별 세율은 종합소득세는 6~45%, 법인세는 9~24%로 개인과 법인사업자의 세금을 비교하면 구간별 유불리는 있지만, 법인세율이 전반적으로 낮아 유리합니다.

다음 표를 보면 소득세 과세표준이 1,400만 원 이하일 때만 개인사업자의 종합소득세가 법인세보다 3% 우위에 있고, 그 외 구간은 법인사업자의 법인세가 유리하며 최대 29%까지 세금 차이가 납니다.

| 구간 | 개인사업자 | 법인사업자 | 세율 차이 |
|---|---|---|---|
| 1,400만 원 이하 | 6% | 9% | 3% |
| 1,400만 원~5,000만 원 이하 | 15% | 9% | -6% |
| 5,000만 원~8,800만 원 이하 | 24% | 9% | -15% |
| 8,800만 원~1억 5천만 원 이하 | 35% | 9% | -26% |
| 1억 5천만 원~2억 원 이하 | 38% | 9% | -29% |
| 2억~3억 원 이하 | 38% | 19% | -19% |
| 3억~5억 원 이하 | 40% | 19% | -21% |
| 5억~10억 원 이하 | 42% | 19% | -23% |
| 10억~200억 원 이하 | 45% | 19% | -26% |
| 200억~3,000억 원 이하 | 45% | 21% | -24% |
| 3,000억 원 초과 | 45% | 24% | -21% |

하지만 세율이 낮아 법인이 무조건 좋다고 단정 지을 수 없습니다. 서로 장단점이 있기 때문입니다.

**세알못** 그럼 개인사업자가 좋은 경우는 언제인가요?

**택스코디** 개인으로 사업을 하는 것이 좋은 경우는 다음과 같습니다.

1. 세금이 부담되지 않을 때

이때는 굳이 법인을 선택할 이유가 없습니다. 법인의 장점을 살릴 수 없고, 절차가 복잡해지고 관리비용만 증가하기 때문입니다.

## ▶ 개인과 법인 관리비용 차이

| 구분 | 개인 | 법인 | 비고 |
|------|------|------|------|
| 장부작성 | 간편장부, 복식장부 | 복식장부 | |
| 주식변동상황신고 | 없음 | 있음 | 위반 시 가산세 1% 등 |
| 대표이사 보수 한도 | 해당 사항 없음 | 있음 | 위반 시 법인세와 소득세 추징 |

### 2. 자금 사용에 대한 규제를 받고 싶지 않을 때

개인은 사업용 계좌를 사용하더라도 그 계좌에서 생활비 등을 마음대로 찾을 수 있습니다. 하지만 법인은 그렇지 않습니다. 법인 계좌에서 돈을 찾을 때는 근거가 있어야 하기 때문입니다.

## ▶ 개인과 법인 자금 사용에 대한 차이

| 구분 | 개인 | 법인 |
|------|------|------|
| 계좌 종류 | 사업용 계좌 | 법인 계좌 |
| 생활비 인출 | 가능 | 불가 |
| 무단 인출 시 법적인 제재 | 없음 | 가지급금, 횡령 등 |

### 3. 사업체를 물려줄 계획이 없을 때

법인으로 사업을 시작하는 이유 중 하나는 사업을 키워 이를 자녀 등에게 승계시켜 주기 위해서입니다. 하지만 사업 규모나 내용으로 보건대 승계가 필요 없는 경우는 굳이 법인으로 할 이유가 없습니다.

**세알못**　그럼 법인의 장점은 무엇인가요?

**택스코디** 다음과 같은 상황에는 법인으로 사업을 하는 것이 유리합니다.

| | |
|---|---|
| 소득세가<br>많을 때 | 법인을 선호하는 이유 중 가장 큰 것이 바로 법인세가 소득세보다 낮아서입니다. 법인세는 9~24% 정도가 부과되지만, 개인소득세는 6~45%까지 부과되어 2배 이상 차이가 나기 때문입니다. 물론 법인은 2차적으로 배당을 할 때 배당소득세가 추가되지만, 이를 고려해도 세율 차이는 무시할 수 없습니다. 특히 연예인이나 유튜버, 고소득 강사나 보험설계사, 컨설턴트 등 고액의 프리랜서들은 높은 소득세율이 적용되어 법인의 필요성이 더 커집니다. |
| 비용처리 범위를<br>넓히고 싶을 때 | 개인사업자는 대표자의 인건비를 비용으로 처리하지 못합니다. 하지만 법인은 대표이사 급여가 인정되고 개인사업자와 비교해 비용처리가 쉬운 측면이 있습니다. |
| 사업체를<br>안정적으로 물려<br>주고 싶을 때 | 개인은 영속성이 약하므로 사업체를 체계적으로 인수하기가 힘든 측면이 있습니다. 이에 반해 법인은 단일화된 조직체로 되어있고 그 상태에서 주식을 인수하면 바로 경영권이 확보되므로, 대물림이 비교적 쉽게 이뤄집니다. |

세금을 알면 돈이 보인다

# 세금계산서가 잘못되었을 때는 어떻게 해야 하나?

세금계산서를 발급받았는데 뒤늦게 수정 사항이 발견되면 당황스럽기 마련입니다. 특히 필수적으로 기재되는 항목을 누락 하거나 잘못 기재 하면 매입세액을 공제받지 못할 수도 있으니 주의해야 합니다. 이럴 때 는 수정세금계산서를 발급해야 합니다.

**세알못**　세금계산서가 잘못되었을 때 어떻게 해야 하나요?

**택스코디**　세금계산서를 잘못 발급한 경우는 필요적 기재사항의 수정, 세 율 착오로 잘못 작성, 착오에 의한 이중발급, 발급대상이 아닌 거래가 있습니다.

여기서 필요적 기재사항이란 거래처의 등록번호와 성명, 사 장님의 등록번호, 공급가액과 부가가치세, 작성연월일(공급시기)을 말합니다. 세금계산서에서 가장 중요한 사항이라 필요적 기재사항이라고 합니다.

이럴 때 수정세금계산서를 몇 장 발급해야 할까요. 필요적 기재사항을 수정하거나 세율 착오로 잘못 작성한 경우 수정세금계산서를 2장 발급해야 합니다. 정확한 세금계산서 1장을 발급하고, 먼저 발급 건에 대해서는 음(-)의 세금계산서를 발급해야 합니다. 이중발급했거나 발급대상이 아닌 거래라면 먼저 발급 건에 대한 음(-)의 세금계산서 1장만 발급하면 됩니다.

그리고 세금계산서 발급 후 계약에 변동 사항이 생겨 수정세금계산서를 발급해야 할 때도 있습니다. 공급가액 변동, 계약 해제, 반품이 이에 해당합니다. 이때는 수정 사유가 발생한 날을 작성일로 해 수정세금계산서를 발급하면 됩니다. 먼저 발급분에서 증가 혹은 감소한 금액에 대해 표시해 1장만 발급하면 됩니다.

**세알못** 부가세신고를 끝낸 후, 세금계산서 오류를 발견됐다면 어떻게 해야 할까요. 수정세금계산서만 발급하고, 부가세는 신경 쓰지 않아도 될까요?

**택스코디** 부가가치세 신고기한 내 수정세금계산서가 발급된 경우라면 합산신고 하면 되지만, 신고기한이 지났다면 수정신고 대상입니다. 세금계산서를 수정한 만큼 변동된 부가가치세를 신고해야 합니다.

세금을 알면 돈이 보인다

다만 공급가액 변동, 계약 해제, 반품으로 수정세금계산서를 발급해 작성연월일이 애초 작성일자가 아닌 경우라면, 수정 사유가 발생한 날이 공급시기가 되기 때문에 사유가 발생한 과세기간에 신고하면 됩니다.

예를 들어 2023년 2기 부가가치세 신고기한인 2024년 1월 25일 이후 반품으로 수정세금계산서를 발급했다고 가정해서 반품된 날이 2월 1일이면 2024년 1기 부가가치세 신고기한에 신고하면 됩니다.

**세알못** 거래처에서 받은 세금계산서가 잘못됐어요. 수정세금계산서 발급하면 가산세가 부과되나요?

**택스코디** 사유와 기한에 맞게 수정세금계산서를 발급하면 가산세가 부과되지 않습니다. 단, 부가가치세를 수정신고하게 되면 가산세가 부과될 수 있습니다.

**세알못** 일반과세자에서 간이과세자로 유형 전환 됐어요. 수정세금계산서 발급할 수 있나요?

**택스코디** 네, 발급할 수 있습니다. 과세유형 전환 전에 공급한 재화나 용역에 대해 수정 사유가 발생하면, 처음 발급한 세금계산서 작성일로 발급할 수 있습니다.

# 세금계산서를 요구하니 10% 더 달라고 합니다. 어떻게 해야 할까?

**세알못**    창업 초반이라 각종 설비나 비품을 구매해야 하고, 인테리어에도 적지 않은 돈을 써야 합니다. 비용을 계산하면서 인테리어 업자에게 세금계산서를 발행해달라 말하니, 부가가치세 10%를 더 달라고 합니다. 예산도 넉넉하지 않은데, 이럴 때 10%를 더 주고 세금계산서를 받아야 할까요?

**택스코디**    (다른 건 무시하고 오로지 세금 계산 측면에서 볼 때) 결론부터 말하자면 사업자의 과세유형과 추계신고 유형에 따라 매입을 하는 방식이 다릅니다.

만약 간이과세자라면 거래 상대에게 10% 부가가치세를 더 내고 세금계산서를 받아도 부가가치세 신고 시 매입세액공제를 받을 수 있는 금액은 공급가액의 10%가 아니라 공급대가의 10%에 5%를 곱한 금액이므로 차라리 부가가치세 10%를 주지 않고 세금계산서도 받지 않는 것이 금액 상으론 더 유리합니다.

다시 말해 10%를 더 주고 세금계산서를 발행받아도 이 10% 전부를 매입세액공제를 받을 수 있는 게 아니므로, 차라리 세금계산서를 발행하지 않고, (그러면 물건을 판매한 거래처는 매출을 숨길 수 있고), 매입한 간이과세자는 매입세액공제는 못 받지만 대신 10% 싸게 매입하니 분명 계산상은 더 득입니다.

하지만, 이는 적법한 행위가 아닙니다. 이런 식으로 거래하면 구매자는 매입세액불공제라는 단순 제재가 따르지만, 판매자는 매출 누락의 의도를 적극적으로 수반하고 있으므로, 이는 거래질서를 해치는 범죄인데, 여기에 협조하는 것이 됩니다.

그런데 실무적으로는 이런 식으로 거래하지 않으면 더는 거래하지 않겠다고 말하는 판매자도 있습니다. 분명 법에는 저촉되지만, 거래하지 못하면 사업 운영을 할 수 없으니, 어쩔 수 없이 세금계산서를 받지 않고 거래해야 할 때도 있습니다.

**세알못** 그럼 이런 경우에는 어떤 식으로 해야 현명한 선택을 한 건가요?

**택스코디** 단순히 금액적인 이득을 따지면 세금계산서를 받지 않는 것이 좋습니다. 만약 세금계산서 수취 여부를 내 의사로 선택할 수 있다면, 각각 야기되는 상황을 정확히 이해하고 결정해야 합니다.

예를 들어 종합소득세 신고 시 추계신고 단순경비율 적용대상자라면 대부분은 단순경비율로 계산한 경비가 실제로 사용한 비용보다 많습니다. 하지만 기준경비율 적용대상자여서 기준경비율을 적용받게 되면, 경비율은 현저히 줄어듭니다. 전자상거래업을 하고 있다면 단순경비율은 86%이고 기준경비율은 10.6%입니다. 대략 70% 이상 경비 차이가 발생합니다. 이 간극을 줄이려면 기준경비율에 추가로 계상할 수 있는 주요경비인 임차료, 인건비 및 재료비 등의 적격증빙이 있어야 합니다. 따라서 기준경비율 적용대상자라면 세금계산서를 받는 것이 유리할 수 있습니다.

　정리하면 세금계산서 수취 여부는 과세유형이 간이과세자인지 아닌지를 먼저 따져보고, 거기에 추계신고 단순경비율 적용대상자라면 세금계산서를 받지 않는 것이 조금 더 현명한 선택지가 될 것입니다.

　또 1년 예상 판매금액(공급대가)이 4,800만 원 미만이라면 부가가치세 납부 의무가 면제되므로 세금계산서를 받지 않는 것이 유리할 수 있습니다.

# 물품대금을 주지 않는데, 부가세신고는 어떻게 해야 하나?

**세알못** 물품을 판매했는데, 거래처에서 판매대금을 주지 않습니다. 이 럴 때 부가가치세 신고는 어떻게 해야 하나요?

**택스코디** 물건이나 서비스를 공급한 후 거래처(공급받은 자)의 파산 혹 은 강제 집행 및 기타 사유로 인해 판매 대금(매출채권)을 돌려 받지 못한 경우에는 '대손세액공제제도'를 통해 손해가 확정된 날이 속하는 과세기간의 매출세액에서 대손세액을 공제받을 수 있습니다. 대손세액공제를 받으려면 부가가치세 확정신고 서에 '대손세액 공제신고서'와 대손 사실 또는 변제 사실을 증 명하는 서류를 첨부해 관할 세무서장에게 제출하면 됩니다.

대손세액공제 범위는 재화나 용역을 공급한 날부터 10년이 지 난날이 속하는 과세기간에 대한 확정신고기한까지 법에서 정

한 사유로 대손이 확정된 것에 대해 공제 가능합니다. 대손세
액 계산법은 다음과 같습니다.

> • 대손세액 = 대손금액 (공급대가) × 10/110

참고로 대손세액공제제도는 거래상대방으로부터 부가가치세를 징수
하지 못했음에도 부가가치세를 냈을 때 이에 대한 세금 부담을 완화해주
기 위한 제도이므로, 부가가치세를 신고·납부하지 않은 부분에 대해서
는 대손세액공제를 받을 수 없습니다.

**세알못**    세금계산서 의무발급대상인 간이과세자 요건은 어떤 경우고
세금계산서 발급 시 공급가액과 부가세 표기를 어떻게 하나
요?

**택스코디**    직전 연도 공급대가의 합계액이 4,800만 원 이상인 간이과세
자 중 영수증 발급 업종 경영 사업자를 제외한 간이과세자는
4,800만 원 이상이 되는 해의 다음 해의 7월 1일부터 그다음 해
의 6월 30일까지 세금계산서를 발급해야 하며, 이때 공급대가
를 공급가액과 부가세로 나눠 발행해야 합니다.
예를 들어 간이과세자가 상품을 110만 원에 판매하는 경우라
면, 공급가액이 100만 원이고, 부가세액은 공급가액의 10%인
10만 원으로 표기하면 됩니다.

**세알못**    간이과세자는 연 매출 4,800만 원 미만이면 부가가치세 납부

가 면제라던데 10월에 개업해 연 매출 4,500만 원인데, 최종 납부할 세액이 나왔습니다. 이유가 뭘까요?

**택스코디** 과세대상 연도 이전연도부터 사업을 지속한 계속사업자의 경우에는 연 매출 4,800만 원 미만이면 납부 면제하지만, 해당 과세기간에 신규로 사업을 시작한 간이과세자는 12개월로 환산한 금액을 기준으로 판단해 4,800만 원 미만일 때만 납부 의무가 면제됩니다.

세알못 씨의 경우 10월에서 12월까지 총 3개월간의 매출이 4,500만 원이면 연 환산 매출액은 1억 8,000만 원(4,500만 원 ÷ 3개월 × 12개월)이므로 납부 의무 면제 대상이 아닙니다.

**세알못** 간이과세자 적용 범위가 2024년 7월 1일부터 직전 연도의 공급대가 합계액 1억 400만 원 미만으로 상향됐다고 하는데 부동산임대업도 적용 대상인가요?

**택스코디** 간이과세자 적용범위가 직전 연동 공급대가 합계액 8,000만 원 미만에서 1억 400만 원 미만으로 상향됐지만, 부동산임대업 또는 과세유흥장소를 운영하는 사업자에 대해서는 기존 4,800만 원 미만의 기준을 적용합니다.

**세알못** 세금계산서 발급 의무가 있는 간이과세자로부터 받은 세금계산서의 매입세액은 공제 가능한가요?

**택스코디** 일반과세자가 세금계산서 발급 의무가 있는 간이과세자로부터 세금계산서를 발급받은 경우에도 일반과세자로부터 받은 세금계산서와 똑같이 매입세액을 공제받을 수 있습니다. 다만 간이과세자가 세금계산서 발급 의무가 있는 간이과세자로부터 세금계산서를 받은 때는 매입금액(공급대가)의 0.5%에 해당하는 금액을 납부세액 범위 내에서 공제받을 수 있습니다.

세금을 알면 돈이 보인다

# 간이과세자로
# 전환 후 세금폭탄?

**TAX**

**세알못**　미용실을 운영하고 있습니다. 얼마전 국세청으로부터 사업장이 일반과세자에서 간이과세자로 바뀐다는 통지를 받았습니다. 그런데 일반과세자 때 지출한 인테리어 비용으로 부가가치세를 환급받은 사실이 있어 재고납부세액으로 400만 원을 내야 한다고 합니다. 이게 무슨 소리인가요?

**택스코디**　일반과세자가 매출이 하락해 간이과세자로 전환될 때가 가끔 있습니다. 간이과세자로 바뀌면 부가가치세 신고 시 세금이 제법 줄어들기 때문에 좋을 수 있습니다.

하지만 일반과세자일 때 고정자산 취득 등으로 인해 부가가치세를 매입세액공제를 받았거나, 공제받았던 상품이 간이과세자 변경 당시 재고로 남아있다면 이로 인해 '재고납부세액'이라는 세금을 내야 합니다. 쉽게 말해 일반과세자는 부가가치세 전액을 공제받을 수 있는데, 간이과세자는 부가가치세 중 5%만 공제받을 수 있으므로 일반과세자로 공제받았던 부가가치세 중 95%를 다시 과세당국에 돌려달라는 것으로 이해하면 됩니다.

**세알못** 무슨 말인지 이해했습니다. 그럼 재고납부세액 계산은 어떻게 하나요?

**택스코디** 재고납부세액은 이렇게 간이과세자로 전환되고도 수익을 창출할 수 있는 고정자산과 재고에 대해서만 과세하며, 그 계산법은 다음과 같습니다.

| 구분 | 계산식 |
|------|--------|
| 재고품 | 재고품의 부가가치세 × 10/110 × 95% |
| 건물 또는 구조물 | 공제받은 부가가치세 × (1 - 5%) × 경과 한 과세기간 수 × 10/110 × 95% |
| 그 밖의 감가상각 자산 | 공제받은 부가가치세 × (1 - 25%) × 경과 한 과세기간 수 × 10/110 × 95% |

**세알못** '경과 한 과세기간 수'는 무엇을 말하는 건가요?

**택스코디** 공제받은 날이 속하는 부가가치세 과세기간부터 일반과세자로 신고하는 마지막 과세기간까지의 수를 말합니다.

예를 들어 2023년 상반기 부가가치세 신고 시 2023년 3월 1일 세금계산서를 수취한 인테리어에 대해 공제받았고, 2024년 하반기부터 간이과세자를 적용받았다면 경과 한 과세기간 수는 2023년 상반기와 하반기 그리고 2024년 상반기까지 총 3이 됩니다.

**세알못**  이렇게 예상치 못한 재고납부세액이 생길 때, 좋은 방법은 없나요?

**택스코디**  '간이과세 포기신고'를 하면 됩니다. 간이과세 포기신고를 통해 일반과세자로 남는다면 재고납부세액을 내지 않아도 됩니다. 물론 간이과세자를 적용받으면 향후 부가가치세 납부세액이 적어지는 것을 고려해 더 유리한 쪽으로 선택하면 됩니다.

# 실적이 없는데,
# 부가세신고 해야 하나요?

**TAX**

**세알못** 작년 11월 신규 개업한 일반과세자로 실적이 없는데, 부가가치
세 신고해야 하나요?

**택스코디** 신규 개업 후 실적이 없더라도 무실적으로 작년 2기 부가가치
세 확정신고를 해야 합니다. 홈택스, 모바일 홈택스(또는 손택
스), 보이는 ARS를 이용하면 편리하게 무실적 신고할 수 있습
니다. 무실적 전자신고 경로는 다음과 같습니다.


## 1. 홈택스 전자신고

**일반과세자**

홈택스 로그인 → 신고/ 납부 → 세금신고 → 부가가치세 → 정기신고(확정/
예정) → 기본정보 입력 화면 하단에 있는 '무실적신고' 버튼 클릭

간이과세자

> 홈택스 로그인 → 신고/ 납부 → 세금신고 → 부가가치세 → 정기신고(확정/
> 예정) → 기본정보 입력 화면의 하단에 있는 '무실적신고' 버튼 클릭

## 2. 모바일 홈택스 전자신고

> 모바일 홈택스 로그인 → 신고/ 납부 → 부가가치세 → 부가가치세 간편신고
> → 무실적신고

## 3. 보이는 ARS (1544-9944로 전화)

> 보이는 ARS 선택 → 부가가치세 신고 → 무실적신고 → 사업자번호 입력 →
> 주민등록번호 입력 → 신고서 작성 → 신고서 제출

**세알못**   부가세 카드로 내려고 하는데 무이자 할부 가능한가요?

**택스코디**   네. 카드 무이자 할부를 통해 부가가치세를 낼 수도 있습니다.
카드사별로 무이자 기준이 다르니 확인해 보세요. 각종 페이를
이용해서도 결제 가능합니다.

**세알못**   배달대행을 이용하는데 세금계산서를 떼려면 10%를 더 달라
고 하는데 맞는 건가요? 그냥 부가세 청구를 안 하는 게 나은
건지 더 주고 떼는 게 맞는 건지 모르겠네요.

**택스코디**   과세유형에 따라 다르겠지만, 일반과세자라면 경비처리를 위
해 세금계산서를 받는 게 유리합니다.

**세알못**　이번에 부가세 다 못 낼 거 같은데 어떻게 해야 하나요?

**택스코디**　세금을 제때 내기 어려울 때는 납부기한을 연장해 달라는 신청을 할 수 있습니다. 신고는 기한 내에 하더라도 납부는 좀 미뤄 달라고 요청하는 겁니다.

참고로 납부기한 연장은 연장 사유에 해당하면 최대 9개월까지 가능하며 신고기한 만료일 3일 전까지 납부기한 등 연장 신청서를 작성해 관할 세무서에 신청하면 됩니다. 이후에도 1개월 단위로 연장신청이 가능합니다.


**세알못**　저는 간이과세자인데 기한까지 부가세 납부가 어려울 것 같아요.

**택스코디**　간이과세자인데 부가가치세 납부가 어려운 경우에는 최대 3개월까지 세금납부를 미룰 수 있는 징수유예 신청을 할 수 있습니다. 사업에 중대한 손실을 입은 경우 등 인정할 만한 사유가 있으면 신청할 수 있습니다. 신고납부나 고지납부 기한 3일 전까지 신청서를 제출하면 됩니다. 국세청 홈택스를 통해서도 가능합니다.


**세알못**　부가세나 종소세 연체 이자는 연 몇 프로고 몇 년간 붙나요?

**택스코디**　1년에 9.125% 정도입니다. 신고 불성실에 대한 가산세율은 종류별로 다양합니다. 납부를 늦게 해서 내는 가산세율 1년에 9.125% 정도로 생각하면 되고요. 이런 가산세가 5년 정도 쌓이게 되면 45.625%까지 세율이 올라가게 되니 기한 내에 성실하게 내는 게 좋습니다.

세금을 알면 돈이 보인다

# 폐업 신고 시
# 이것 주의하자

**세알못**   운영하던 사업이 힘들어져 그만두기로 정했습니다. 폐업 신고
는 어떻게 하면 되는가요? 또 폐업 신고 시 주의해야 할 것은
무엇인가요?

**택스코디**   그만두기로 정했다면 최대한 빠르게 폐업하는 것이 좋습니다.
실적이 없더라도 폐업하지 않으면 세금신고 의무는 계속 발생
해 부가가치세나 종합소득세 또한 신고 기간마다 신고해야 하
기 때문입니다.

폐업 신고는 간단합니다. 홈택스에 접속해 다음과 같은 경로를 따라
가면 됩니다.

• 홈택스 로그인 → 신청/제출 → 신청업무 → 휴폐업신고

그리고 폐업신고서를 작성해 사업자등록과 함께 관할 세무서에 직접 제출해도 됩니다. 이렇게 폐업 신고를 하고 나면 대부분 사업자가 모든 게 끝났다고 생각합니다. 하지만 그렇지 않습니다. 폐업 신고 후 마지막 세금신고 (부가가치세, 종합소득세)까지 끝내야 합니다. 여기까지 마무리하면 비로소 사업장과 관련된 모든 세금 업무가 끝납니다.

먼저 부가가치세 신고는 폐업일이 속하는 달의 다음 달 25일까지 신고해야 합니다. 가령 2월 7일을 폐업일로 폐업 신고를 했다면, 3월 25일까지 부가가치세 신고를 해야 합니다. 이때 주의할 것은 '폐업 시 잔존재화'라는 것을 신고서에 함께 작성해야 한다는 것입니다. 쉽게 말해 '폐업 시 남아있는 재고나 감가상각 대상 자산에 대해 일전에 매입세액으로 공제받았던 부분을 폐업 이후 비 사업자로 사용하게 되면 판매자와 과세형평에 맞지 않으니 판매한 것으로 간주해 부가가치세를 내라'라는 것입니다.

**세알못**  그럼 '폐업 시 잔존재화', 계산은 어떻게 해야 하나요?

**택스코디**  계산방식은 다음의 금액을 자기 자신에게 공급하는 것으로 봐 부가가치세 신고 시 간주공급으로 과세표준에 입력하면 됩니다.

| 남아있는 재화 | 재화의 시가 |
|---|---|
| 남아있는 감가상각 대상 자산 | 취득가액 × (1 - 감가율 × 경과 한 과세기간 수)<br>여기서 감가율이란 건물 또는 구축물은 5%,<br>그 밖의 감가상각 자산은 25% |

세금을 알면 돈이 보인다

**세알못**  폐업 신고하면 세금계산서 발행 못 받나요?

**택스코디**  받을 수 있습니다. 폐업일 이후에도 폐업일 이전 거래분에 대해서는 발급받을 수 있습니다.

**세알못**  세무사 도움 없이 홈택스에서 혼자 신고해도 될까요?

**택스코디**  폐업하기 전 매출·매입자료를 구분해서 꼼꼼히 챙겨두었다면 혼자 신고도 가능합니다.

**세알못**  폐업하고 부가가치세 신고기한을 놓치면 가산세는 얼마나 붙나요?

**택스코디**  원래 납부해야 할 부가가치세의 20%만큼 신고불성실가산세가 부과됩니다. 미납 일수만큼 납부불성실가산세도 부과됩니다. 신고기한을 놓쳐 기한 후 신고하더라도 이른 시일 내에 해야 가산세가 조금이라도 감면될 수 있으니 최대한 빨리 신고하는 것이 좋습니다. 기한 후 신고도 국세청 홈택스를 통해 가능합니다.

**세알못**  간이과세자입니다. 간이과세자도 일반과세자와 같은 절차로 신고하면 되나요?

**택스코디**  네. 간이과세자도 폐업일의 다음 달 25일까지 신고하면 됩니다.

마지막으로 남은 종합소득세 신고까지 다음 해 5월에 신고·납부를 완료하면, 비로소 폐업과 관련된 모든 세금 업무가 마무리됩니다.

# 프리랜서에게 지급한 비용, 이렇게 처리하자

**세알못** 사업자등록도 완료했고, 인테리어 공사도 마무리 단계입니다. 지인이 소개한 웹디자이너에게 홈페이지 제작을 맡기기로 했습니다. 그런데 사업자가 아닌 프리랜서라 세금계산서를 발행할 수 없다고 합니다. 이럴 때는 어떻게 비용처리 해야 하나요?

**택스코디** 세법에서는 프리랜서를 '개인이 물적 시설 없이 근로자를 고용하지 않고 독립된 자격으로 용역을 공급하고 대가를 받는 사람'으로 규정하고, 인적용역 사업자로 분류합니다. 즉, 프리랜서는 사업자등록이 된 사업자가 아니므로 세금계산서를 발급할 수 없습니다. 이처럼 프리랜서에게 용역을 의뢰하고 대금을 지급할 때, 비용으로 인정받기 위해서는 원천세를 징수하고 대가를 지급해야 합니다.

여기서 원천세는 소득의 종류에 따라 다른 세율을 적용합니다. 그러므로 소득의 종류부터 파악해야 합니다. 프리랜서 용역에 대해 대가를 지급하는 경우는 대부분 사업소득이나 기타소득입니다. 다음과 같이 구분합니다.

| 사업소득 | 원천징수 세율 3%<br>(지방소득세 포함 3.3%) | 독립적이며 계속적·반복적으로 행하는 활동으로 얻는 소득 |
|---|---|---|
| 기타소득 | 원천징수 세율 20%<br>(지방소득세 포함 22%) | 일시적으로 일어나는 소득 |

**세알못**    그럼 사업소득으로 원천징수하려면 어떤 절차를 거쳐야 하나요?

**택스코디**    원천징수 의무자에게 부여되는 의무는 다음과 같습니다.

| 원천세 신고 | 지급한 달의 다음 달 10일까지 |
|---|---|
| 간이 지급명세서 제출 | 지급한 달의 다음 달 말일까지 |
| 지급명세서 제출 | 지급한 연도의 다음 연도 3월 10일까지 |

원천세를 신고할 때는 원천징수 이행상황신고서를 제출해야 합니다. 원천징수 이행상황신고서에는 우리 회사가 '몇 명에게 어떤 소득으로 얼마를 지급했다'라는 내용을 과세당국에 제공하는 것이고, 지급명세서는 구체적으로 '누구에게 얼마를 지급했다'라는 조금 더 상세한 지급 정보를 제공한다고 이해하면 됩니다. (간이 지급명세서는 1년에 한 번 제출하는 지급명세서를 반기나 분기 또는 월 등 짧은 주기로 신고하는 서류로 근로장려금 지급자

를 파악하기 위한 것이고, 작성 방법은 지급명세서와 같습니다.)

**세알못**  같은 사람에게 대금을 나눠서 지급하면 어떻게 해야 하나요?

**택스코디**  대금을 나눠서 지급하면 원칙적으로 각각 따로따로 원천세를 신고해야 하나, 연도가 바뀌지 않는다면 실무적으로 마지막 대금을 지급할 때 한 번에 신고하는 것이 더 편해 그렇게 해도 괜찮습니다.

참고로 홈택스를 통해 원천세 신고를 할 때 경로는 '홈택스 로그인(사업장) → 신고/납부 → 세금신고 → 원천세' 순으로 클릭하면 됩니다.

세금을 알면 돈이 보인다

# 사업장을 나눠서
# 사용하려면?

**TAX**

샵인샵(Shop in shop)은 여러 장점이 있으므로 인기를 끌고 있습니다. 업종 추가를 통해 오프라인 가게를 샵인샵 형태로 운영하게 되면 비싼 월세 부담을 줄일 수 있고 운영이 잘 되는 가게의 자투리 공간을 빌려 고객을 쉽게 확보할 수 있습니다. 샵인샵(Shop in shop), 말 그대로 하나의 가게 안에 또 다른 가게를 연다는 뜻입니다. 우리가 알고 있는 미용실 속 네일, 찜질방 안의 분식집도 이런 샵인샵 형태로 운영되는 곳들이죠.

**세알못**  그럼 기존에 사무실을 쓰고 있는 임차인과 같은 사업장을 나눠서 사용하려면 어떻게 해야 하나요?

**택스코디**  이미 사무실을 임차해 사용하는 사업자와 그 사업장을 함께 쓰는 방법은 두 가지가 있습니다.

**1. 기존 임차인이 자신이 빌린 사무실을 다시 빌려주는 방법(전대)**

임차인과 재임차인 끼리 쓰는 계약서가 전대차계약서입니다. 이때 사무실 소유자인 임대인으로부터 전대 동의서를 꼭 받아야 합니다. 그리고 기존 임차인은 사업자등록증에 전대업을 추가해야 하며, 재임차인에게 임대료와 관리비에 관해 별도의 세금계산서를 발급해야 합니다.

여기서 잠깐! 기존 임차인은 전대업을 사업자등록증에 추가해야 하므로 정책자금이나 정부지원금 등의 신청을 거절당할 수 있습니다. 정부에서 주관하는 지원 정책 대부분은 부동산임대업을 제외하기 때문에 주의해야 합니다.

**2. 사용 면적에 따라 각각 임대차 계약서를 작성하는 방법**

임차인이 기존 임대차계약을 해소하고, 사무실 소유자에게 사용 면적에 따라 각각 임대차계약을 의뢰하는 것입니다.

**세알못** 지인이 카페를 운영하고 있는데, 그 안에 작은 소품샵을 차릴까 합니다. 이 경우 어떤 절차가 필요할까요?

**택스코디** 샵인샵 형태의 사업을 운영하려면 해당 사업을 실제로 운영하는 곳에 사업자등록을 해야 합니다. 먼저 상가 건물주에게 소품샵 전대에 대한 동의를 구하고, 전대차계약서를 받아야 해당 소재지에서 사업자등록을 할 수 있습니다. 이렇게 사업자등록 절차만 마치면 운영하는데 지인의 카페에서 소품샵을 운영하는 것에 별도의 제약은 없습니다.

세금을 알면 돈이 보인다

**세알못**  부득이한 사정이 있어 (겸직 금지, 신용불량 등)이라 사업자등록을 못 하는 상황인데요. 이런 상황에서 샵인샵을 하고 싶을 때는 어떻게 해야 할까요?

**택스코디**  이런 경우는 사업자등록 없이 공간을 빌려주는 사업자(전대인)로부터 정산받은 이익에 대해 3.3%를 원천징수한 사업소득을 지급하는 방식을 취하면 됩니다. 다만, 사업자등록을 하지 않는 경우 적격증빙 (세금계산서, 지출증빙용 현금영수증)를 받는 데 있어 필연적으로 어려움이 따릅니다. 그러므로 웬만하면 사업자등록을 할 것을 권합니다.

참고로 3.3%를 원천징수하는 방식을 취하면 일종의 프리랜서가 되는 겁니다. 프리랜서는 부가가치세법상 면세사업자에 해당하므로 부가가치세 신고업무는 없습니다. 따라서 5월에 종합소득세 신고만 진행하면 됩니다.

최근 비사업용 단말기를 사용하는 경우들이 늘고 있습니다. 매출 신고를 제대로 하면 합법이지만, 보통은 세금을 피하려고 비사업용 단말기를 사용하는 경우가 많습니다. 이렇게 하더라도 결국 나중엔 신고당할 확률이 높으므로 비사업용 단말기를 사용하더라도 꼭 제대로 된 매출 신고를 하는 것을 권합니다.

**세알못**  족발집을 운영하는 사업자가 배달의 민족, 요기요 등 배달 플랫폼에 추가로 떡볶이집을 등록해 운영하는 경우 사업자등록을 또 따로 내야 하는 건가요?

**택스코디** 그렇지 않습니다. 동일인이 운영한다면 하나의 사업자등록증으로 운영 가능합니다.

# 면세사업자도 매입세액을
# 환급받을 수 있다?

**세알못**  면세사업자는 모든 세금이 면제되나요?

**택스코디**  면세사업자는 부가가치세 납부 의무가 면제된 사업자를 말합니다. 내가 하는 사업이 세금 면제되는 것이라면 좋겠지만, 내가 신청을 해서 면제를 적용받을 수 있는 것이 아닙니다. 국민 기초생활 등과 관련해 나라에서 정한 재화 또는 용역에서만 면세 혜택을 줍니다. 대표적으로 면세가 적용되는 재화와 용역은 다음과 같습니다.

정리하면 면세사업자는 부가가치세만 세금이 면제되므로 개인사업자라면 소득세는 신고·부해야 합니다. 마찬가지로 법인사업자라면 법인세는 신고·납부해야 합니다. 면세사업자는 부가가치세 신고를 하지 않으므로 매년 2월 10일까지 사업장현황신고를 해야 합니다.

▶ **면세가 적용되는 재화와 용역**

| 기초생활필수 재화·용역 | 미가공식료품, 수돗물, 연탄과 무연탄, 주택과 그 부수토지 임대용역 등 |
|---|---|
| 국민후생 재화·용역 | 의료보건용역, 혈액, 교육용역 등 |
| 문화 관련 재화·용역 | 도서, 신문, 예술창작품, 예술행사, 도서관, 박물관, 미술관 등 |
| 부가가치 구성 요소 | 토지의 공급, 금융보험용역, 일정한 인적용역 |

참고로 사업장현황신고는 홈택스 웹사이트와 모바일 앱 (손택스)을 통해서 할 수 있습니다. 홈택스·손택스의 신고도움서비스는 최근 3년간 수입금액 신고상황과 업종별 신고 유의사항을 제공하며, 전자(세금)계산서·신용카드·현금영수증 등 매출자료와 매입자료도 제공합니다.

안내문의 QR코드를 이용해 전자신고 화면으로 바로가기도 가능하며, 전자신고 방법과 수입금액검토표 작성 동영상을 시청할 수 있습니다. 또 전년도에 신고한 내역을 불러오기하면 변경된 사항만 수정하는 방법으로 쉽게 신고할 수 있습니다. (안내문은 원칙적으로 모바일로 발송하고, 60세 이상자와 주택임대 사업자는 우편으로 발송하며, 총 6개 유형으로 보냅니다. 본인 유형에 맞게 신고해야 하고, 성실신고가 최선의 절세입니다.)

**세알못**    농산물 도매업을 하고 있습니다. 9개월 전부터 일본으로 과일을 수출하고 있습니다. 그동안 수출을 하면서 운송료, 창고사용료, 포장비 등으로 5,500만 원을 지출했으나, 면세사업자이기 때문에 이에 대한 매입세액 500만 원을 공제받지 못했습니다. 면세사업자도 매입세액을 환급받을 수 있다는 말을 들었는데, 어떤 경우인가요?

**택스코디** 면세사업자는 부가가치세를 내지 않고, 물건 등을 매입할 때 부담한 매입세액도 공제받지 못합니다.

따라서 매입세액이 원가에 포함되는 상황이 생기게 되어 가격 경쟁력 면에서 그만큼 불리할 수 있습니다. 이런 불이익을 없애기 위해 부가가치세법에서는 특정한 재화 또는 용역을 공급하는 경우 면세를 포기하고 과세사업자로 적용받을 수 있도록 하고 있습니다.

'면세포기'를 희망하는 사업자는 다음 각호의 사항(사업자의 인적사항, 면세를 포기하려는 재화 또는 용역, 그 밖의 참고사항)을 적은 면세포기신고서를 관할 세무서장에게 제출해야 하며, 이 경우 관할 세무서장은 지체 없이 사업자등록을 해야 합니다.

면세포기 효력은 사업자등록을 한 이후 거래분부터 적용되고, 사업자등록 신청과 같이 면세포기를 신청한 때는 사업개시일부터 적용됩니다.

그리고 면세포기를 하면 3년간은 부가가치세 면세를 받지 못하므로 일시적으로 수출할 때는 면세포기를 하는 것이 유리한지 아니면 면세적용을 받는 것이 유리한지를 따져보고 판단해야 합니다.

**세알못** 그럼 면세포기 신고 후 3년이 지나면 다시 면세적용을 받을 수 있나요?

**택스코디** 3년이 지난 뒤 부가가치세를 면제받으려면 면세적용신고서를 제출해야 하며 면세적용신고서를 제출하지 않으면 계속해 면세를 포기한 것으로 봅니다.

# 과세와 면세를 동시에 취급하는 겸영사업자의 공통매입세액 안분 계산법은?

수돗물, 연탄, 도서, 기저귀, 분유 등도 면세 대상이고, 용역 중에는 의료보건용역, 의약품의 조제 용역, 장의업자가 제공하는 장의 용역, 교육용역 등도 부가가치세가 면제됩니다. 이런 면세 제도는 소비자의 부담을 완화한다는 점에서 긍정적이지만 여러 복잡한 문제가 발생하기도 합니다.

예를 들어 정육점과 식당을 같이 겸영하면서 고객이 정육점에서 고기를 구매한 후, 바로 식당에서 고기와 반찬, 음료를 사 먹으면, 고기만 면세이고 고기를 제외한 음식 용역은 과세입니다. 그리고 마트에서는 농축산물 같은 면세 재화만 판매하는 것이 아니라 훨씬 많은 과세물건을 판매합니다. 문제는 이때 매입세액을 어떻게 인정받을지입니다.

마트에서는 물건을 매입하는 비용뿐만 아니라 운송비, 창고보관비 등 다양한 비용을 지출하고, 이 비용에 대해서는 매입세액 공제를 받아야 하는데, 면세 재화 판매와 관련된 매입세액을 특정해야 하는 어려움이 있습니다. 이에 부가가치세법은 과세사업과 면세사업을 겸영하는 경우에는 관련된 매입세액의 계산은 실지귀속에 따라 하되, 구분이 어려운 공통매입세액의 경우에는 면세공급가액의 비율로 안분하는 기준을 두고 있습니다.

과세와 면세사업을 겸영할 때는 기본적으로 과세사업과 관련한 매출에 대해서는 세금계산서를, 면세사업에 포함되는 매출에 대해서는 계산서를 끊어야 합니다. 매출은 과세와 면세를 구분하는 것이 그렇게 어렵지 않습니다.

문제는 매입입니다. 매입은 과세사업은 부가가치세 매입세액공제를 받을 수 있으나 면세사업은 매입세액공제를 받을 수 없습니다. 여기서 매입 내역이 과세사업을 위한 건지, 면세사업을 위한 건지가 확연히 구분되면 크게 문제가 되지 않습니다.

**세알못**　마트를 운영하는 겸영사업자입니다. 그럼 매장 전기세는 매입세액공제를 받을 수 있다는 말인가요?

**택스코디**　질문처럼 사무실 임대료, 전기세 같은 공과금 등이 애매할 수 있는데, 이때는 '공통매입세액 안분 계산'을 하면 됩니다. 다음과 같이 계산합니다.

세금을 알면 돈이 보인다

- 면세사업에 관련된 매입세액 = 공통매입세액 × (면세공급가액/총공급가액)

예를 들어 공통매입세액이 100만 원이고, 면세공급가액이 500만 원, 과세공급가액이 1,500만 원이라 가정합시다. 그럼 면세사업에 관련한 매입세액을 계산해봅시다.

- 면세사업에 관련된 매입세액 = 공통매입세액 × (면세공급가액/총공급가액) = 100만 원 × (500만 원/2,000만 원) = 25만 원

따라서 면세사업에 관련된 매입세액은 25만 원입니다. 그러므로 부가가치세 신고 시 매입세액공제는 75만 원(100만 원 - 25만 원)만 가능합니다.

참고로 면세공급가액이 총 공급가액의 5% 미만이거나 (공통매입세액이 500만 원 이상이면 제외), 공통매입세액 합계금액이 5만 원 미만이면 공통매입세액 전부를 공제받을 수 있습니다.

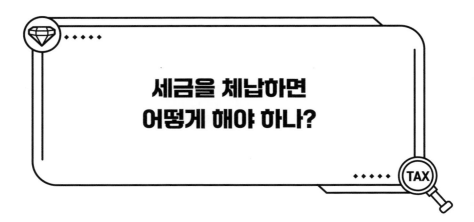

# 세금을 체납하면
# 어떻게 해야 하나?

모든 세금은 납부 마감일이 있습니다. 이걸 '납부기한'이라고 말합니다. 납부기한까지 세금을 내지 못하게 되면 시간이 지날수록 납부불성실가산세라는 게 붙습니다. 만약 계속해서 체납하게 되면 세무서에서는 세금을 징수하는 강제적인 방법을 동원하는데, 압류 등의 방법을 사용하게 됩니다.

간혹 악의적으로 체납하려는 사람도 있지만, 납세자 대부분은 그렇지 않습니다. 무슨 일을 시작하면서 처음부터 체납자가 되겠다고 마음먹은 사람은 없습니다. 사정이 어찌 되었던지 국민 한 사람으로서 만약 부득이한 사유로 체납하게 되었다면, 적극적으로 문제를 해결해야 합니다.

그런데 대부분 사업자는 체납하게 되면 그냥 내버려 둡니다. 세무서에서 오는 전화도 안 받고, 세무서에서 보낸 독촉장을 뜯어 보지도 않습

세금을 알면 돈이 보인다

니다. 그러다가 금융계좌가 동결된다든지 부동산 압류가 들어간다든지 사업자등록증 말소 통지가 날아온다든지 하면 그때 움직입니다.

**세알못** 세금을 체납하면 세무서에서 어떻게 하는가요?

**택스코디** 다음과 같은 방법으로 제재합니다.

| | |
|---|---|
| **인허가 사업 제한** | 면허, 허가, 인가를 받아야 사업을 할 수 있는 사람은 국세를 3회 이상 체납한 경우로서 그 체납액이 500만 원 이상이면 세무서에서 면허, 허가, 인가를 내준 주무관청에 사업의 정지 또는 허가의 취소를 요구할 수 있다. |
| **출국 규제** | 정당한 사유 없이 국세를 5,000만 원 이상 체납한 자로서 소유재산 등으로 조세채권을 확보할 수 없고, 체납처분을 회피할 우려가 있다고 인정되는 경우에는 관계부처에 출국금지를 요청할 수 있다. |
| **고액, 상습 체납자 명단공개** | 국세 체납액이 5억 원 이상인 자로서 체납발생일로부터 1년 이상 경과한 경우에는 명단을 공개할 수 있다. |
| **체납 자료의 신용정보기관 제공** | 일정한 요건에 해당하는 사람은 세무서장이 신용정보기관에 자료를 제공하여, 이러한 체납 자료가 제공되면 신용불량정보로 등록되어 신규 대출의 거절, 본인 명의 신용카드 발급 제한 등 각종 금융제재를 받을 수 있다. |

체납하게 되면 이런 불이익을 받을 수 있습니다. 체납하지 않는 게 최고의 방법입니다. 하지만 만약 체납하게 되면 전문가를 찾아가서 상담을 받는 게 좋습니다. 그래서 체납된 세금을 어떻게 납부할 지에 대한 계획을 세울 수 있고, 세무서에서 부과한 세금은 징수유예를 통해 납부기한 연장을 받을 방법이 있는가를 검토해봐야 합니다. 또 세무사와 상담을 통해 국세 채권의 소멸시효에 대한 안내와 요건에 해당하면 체납처분 유예신청 등 체납에 따른 불이익을 최대한 예방할 수 있습니다.

**세알못**　징수유예는 누구나 신청 가능한가요?

**택스코디**　아닙니다. 징수유예는 다음과 같이 법에서 정한 일정한 사유가 있어야 가능합니다.

- 재해 또는 도난으로 재산에 심한 손실을 본 경우
- 사업에 현저한 손실을 본 경우
- 사업이 중대한 위기에 처한 경우
- 납세자 또는 그 동거가족의 질병이나 중상해로 장기치료가 필요한 경우
- 국제조세조정에 관한 법률에 따른 상호합의 절차가 진행 중인 경우 등

징수유예를 받게 되면 유예 기간 중에 그 국세의 가산금 또는 중가산금이 가산되지 않고, 체납액에 대한 압류나 공매와 같은 체납처분 등이 중단되는 이점이 있습니다.

위와 같은 징수유예 사유는 일반인들이 읽었을 때 제대로 이해하기 어렵습니다. 사업에 현저한 손실을 본 경우란 어떤 손실을 말하는 것이고, 중대한 위기란 도대체 어떤 위기를 말하는 것이며 현저한 손실과 중대한 위기의 차이는 무엇인지 일반인들은 알지 못합니다. 그래서 전문가를 만나서 적극적으로 대처해야 합니다.

# 부가가치세 신고를 누락 하면
# 어떻게 되나?

처음으로 사업자등록을 하는 SNS 마켓 사업자들은 어떤 세금을 언제, 얼마나 내야 하는지를 많이 궁금해합니다. 사업자등록을 한다는 것은 본격적으로 사업을 시작하겠다는 뜻입니다. 따라서 소득이 발생하면 세금도 내야 합니다. 적어도 어떤 세금을 내야 하는지는 알아야 절세를 준비할 수 있습니다. SNS 마켓 사업자 역시 사업자등록을 했다면, 부가가치세와 소득세를 내야 합니다.

먼저 부가가치세는 상품을 판매하거나 서비스를 제공할 경우 부가가치세 신고도 하고 납부도 해야 합니다. SNS 마켓 사업자는 자신의 SNS 계정에서 상품을 직접 판매하거나, 스마트스토어를 통해 판매합니다. 만약 초기 사업자라면 공동구매와 같이 업체에서 받는 판매수수료 매출이 대부분일 것입니다. 이처럼 상품을 판매하거나 판매수수료를 받았다면 부가가치세 신고를 꼭 해야 합니다.

> **세알못** 판매수수료를 통장으로 받는데, 부가가치세 신고를 누락 하면 어떻게 되나요?
>
> **택스코디** 납세자가 세금신고를 했다는 전제하에 진행하는 수정신고와 경정청구와 달리 '기한 후 신고'는 세금을 아예 신고하지 않은 납세자가 대상이 됩니다. 운영이 너무 바빠 신고를 잊거나 미루다가 기한을 넘긴 경우에 기한 후 신고를 통해 세금을 신고·납부해야 합니다.

신고를 안 했다면 서둘러서 진행하는 게 가장 좋은 방법입니다. 자진 신고라고 하더라도 마감 기한이 있기 때문입니다. 참고로 법정신고기한까지 과세표준신고서를 제출하지 않았다면 관할 세무서장이 과세표준과 세액을 결정해서 통지하기 전까지만 신고 가능합니다.

기한 후 신고도 수정신고처럼 의도와는 관계없이 가산세가 발생합니다. 기한 후 신고의 경우에는 무신고가산세(신고불성실가산세), 미납 가산세(납부불성실가산세)를 내야 합니다. 최대한 빨리 확실하게 신고하는 게 눈덩이처럼 불어나는 가산세를 최대한 적게 내는 방법이니 신고를 서두르는 게 좋습니다.

부가가치세 신고를 누락 하면 부가가치세만 문제가 되는 것이 아니라 소득세까지 추가로 내야 합니다. 종합소득세는 1년 동안 SNS 마켓 사업에서 얻은 소득에 대해 신고·납부해야 합니다. 그런데 SNS 마켓 사업자 대부분은 겸업하는 경우가 많습니다. 즉, SNS 마켓 소득 이외에 근로소득이 있거나, 사업자등록을 하기 전에 업체로부터 받았던 사업소득이 있는 경우가 많습니다.

만약 SNS 마켓 소득 이외에 근로, 사업, 기타소득 등 다른 소득이 있다면 합산해서 신고해야 합니다. 소득세는 총수입에서 필요경비를 차감한 소득금액에서 소득공제 등을 차감한 후 소득세율 (6%~45%)를 곱해 계산합니다. 필요경비는 사업을 위해 지출한 모든 경비를 말합니다. 따라서 소득세를 줄이기 위해서는 필요경비를 잘 챙겨야 합니다.

# 경정청구하면
# 세무조사 당한다?

**TAX**

자동차세나 재산세처럼 계산된 세금 고지서를 받을 때는 세금을 내기가 쉽지만, 소득세나 부가가치세처럼 납세자가 스스로 세금을 계산하고 신고해야 하는 세금들은 납세자가 실수할 수 있습니다. 전문가인 세무사를 통해서 신고하더라도 마찬가지입니다.

이렇게 스스로 신고하고 내는 세금은 크게 두 가지 실수가 나올 수 있습니다. 내야 할 세금보다 더 냈거나, 덜 냈거나, 둘 중 하나입니다. 내야 할 세금보다 더 냈을 때는 '경정청구'라는 방법으로 돌려받는 기회를 줍니다.

경정청구의 '경정(更正)'을 직역하면 '무언가를 바르게 고친다'라는 말입니다. 다시 말해 세금신고를 하면서 매입을 누락 하는 등 실수로 세금

세금을 알면 돈이 보인다

을 필요 이상으로 많이 냈거나 환급을 적게 받았을 때 진행할 수 있는 절차입니다.

보통 매입 세금계산서를 누락 하거나 경비 내역, 인적공제를 제대로 반영하지 못해 발생하는 경우가 많습니다. 이럴 때 경정청구를 하면 세금신고를 하면서 더 낸 세금을 돌려받을 수 있으니 꼭 진행하는 것이 좋습니다.

수정신고나 기한 후 신고와는 달리 경정청구의 경우 가산세는 없습니다. 오히려 세금을 더 냈거나 국세청으로부터 환급을 적게 받아 잘못된 금액을 청구하는 상황이기 때문이죠.

**세알못**  경정청구 기한은 어떻게 되나요?

**택스코디**  세금을 신고·납부한 지 5년이 넘지 않았다면 경정청구가 가능합니다. 정확하게는 법정 신고납부기한부터 5년 이내라면 신청할 수 있습니다.

예를 들어 2023년 소득에 대한 종합소득세는 2024년 5월 말까지 신고·납부해야 하니 2029년 5월 말 이전까지는 경정청구로 돌려받을 기회가 있는 겁니다.

경정청구 결과는 청구서가 관할 세무서에 접수된 날부터 2개월 이내에 받아볼 수 있습니다. 경정청구가 받아들여지면 경정청구를 신청할 때 적은 계좌로 환급세액이 바로 입금됩니다.

**세알못**  경정청구하면 세무조사 당하는 거 아닌가요?

**택스코디**  경정청구를 진행하면 괜히 원하지 않는 세무조사 대상이 되는 것 아니냐는 오해를 하는 사람들도 있습니다. 이는 사실이 아닙니다. 경정청구 진행 여부와 세무조사는 별개이므로 경정청구가 필요하다면 걱정하지 않고 진행하는 것이 좋습니다.

경정청구와 반대로 신고납부한 세금이 정당하게 내야 할 것보다 적을 때는 '수정신고'를 통해 바로잡을 수 있습니다. 세금을 덜 낸 건 이득이니 그냥 숨기고 있어도 되지 않을까 하는 생각이 들 수 있지만, 모른 척하고 있으면 나중에 탈세범으로 몰려 더 큰 세금을 추징당할 수 있습니다. 그래서 스스로 바로잡을 기회를 주는 것이 수정신고입니다.

단, 수정신고는 비록 실수였다 하더라도 신고기한이 지난 후에 바로잡는 것이어서 가산세 부담을 피할 수는 없습니다. 적게 신고했다면 과소신고가산세, 더 돌려받았다면 초과환급가산세 등을 부담해야 합니다.

예를 들어 부가가치세 신고 이후 매출을 누락 했거나 매입을 과다하게 신고한 걸 발견했다면 수정신고를 진행해야 합니다. 수정신고는 법정신고기한 내에 세금신고를 완료했다는 전제하에 할 수 있습니다. 말 그대로 기존에 신고한 내역에 오류가 있어 수정한다는 의미이기 때문입니다.

다행히 수정신고를 빨리하면 할수록 가산세 부담은 줄일 수 있습니다. 법정 신고기한이 지난 후 1개월 이내에 수정신고를 하면 가산세의 90%를 깎아줍니다. 3개월 이내에는 75%, 6개월 이내에 수정신고하는 경우에는 가산세의 50%를 깎아줍니다. 또 1년 이내에 수정신고를 하면 가산세의 20%를 줄일 수 있습니다.

세금을 알면 돈이 보인다

신고·납부한 지 1년이 지났더라도 2년 내에만 수정신고를 하면 가산세의 10%는 줄일 수 있습니다. 하지만 2년이 지난 후부터는 수정신고는 가능하지만, 가산세는 감면해주지 않습니다.

국세청은 납세자들이 신고·납부한 세금을 사후에 검증하는 절차를 거칩니다. 스스로 수정신고를 하지 않고 버티다 보면 국세청이 확인해서 고지서를 보내는 상황도 발생합니다.

수정신고는 어디까지나 신고·납부에 대해서만 할 수 있으므로 고지서가 날아오면 수정신고를 하고 싶어도 할 수 없게 된다는 것도 기억해둬야 합니다.

최근 개인사업자 등을 대상으로 수정신고 안내문이 보내진 경우가 부쩍 늘어났습니다. 사업자들이 이에 대처를 잘못하면 세무조사 등의 불이익이 발생하므로 다음과 같이 조치하면 좋습니다.

| 수정신고 안내문 분석 | 안내문의 요구 사항 등을 명확히 분석해 대응 방안을 마련 |
|---|---|
| 매출 누락이나 잘못 계상된 경비가 있다면 즉시 수정신고 | 수정신고 시에는 본세 및 과소신고가산세 등을 납부해야 함. 실무에서는 일반 과소신고가산세(10%)가 적용되는 경우에 이 가산세와 무기장 가산세(20%) 중 큰 것으로 가산세를 내고 있음. |
| 잘못 신고된 부분이 없다면 근거 자료 등을 제시 | 실질과세 원칙에 의해 신고한 경우에는 수정신고가 불필요하므로 장부나 관련 증빙 등을 제출해야 함. |

대한민국 사장님 99%는 무조건 겪게 되는 세금 문제!

# 세금을 알면 돈이 보인다 - 사업자 편

| | |
|---|---|
| **초판 1쇄 발행** | 2024년 5월 17일 |
| **지은이** | 택스코디 |
| **펴낸이** | 곽철식 |
| **디자인** | 임경선 |
| **마케팅** | 박미애 |
| **펴낸곳** | 다온북스 |
| **출판등록** | 2011년 8월 18일 제311-2011-44호 |
| **주 소** | 서울시 마포구 토정로 222 한국출판콘텐츠센터 313호 |
| **전 화** | 02-332-4972 |
| **팩 스** | 02-332-4872 |
| **이메일** | daonb@naver.com |

ISBN 979-11-93035-47-4(13320)